KB041118

평양에서
재판하는 날

권은민 지음

The day in court
at Pyongyang

박영사

프롤로그

통일은 무거운 이야기다. 우리 사회가 추구해야 할 방향이지만 청년층의 관심을 끌지 못하는 낡은 주제다. 그렇지만 이대로 방치할 수는 없다. 통일될 미래에 대해 상상력을 발휘해야 하고 청년들이 관심가질 매력요인을 찾아야 한다.

이 책은 통일단상이란 제목으로 수필잡지 『에세이스트』에 수년간 연재한 글과 북한법 연구자로서 겪은 이야기를 모은 에세이집이다. 통상의 에세이는 개인의 과거이야기가 주류이지만 이 책의 시점은 대부분 현재이고, 일부는 나의 미래를 상상한 것이다. 2030년 쯤 남북교류가 자유로워지고, 만일 내가 평양에서 생활한다면 무슨 일이 일어날까 상상해 보았다. 북한핵문제로 인한 극한 대치의 답답한 현실에서 벗어나기 위해서는 시간과 장소를 바꾸어 볼 수도 있을 것이다. 가까운 미래를 상상하면서 지금 당장 준비할 것을 찾았다.

또 다른 형태의 상상력을 발휘하기도 했다. 무하국 이야기, 세상 어디에도 없는 가상의 나라, 무하국 청년의 일상을 소재로 남북한의 현실을 풍자해 보았다. 이런 유형의 글쓰기가 낯설 수 있겠지만 통일이라는 꿈 자체가 낯선 것이기 때문에 다양한 형태의 새로운 시도를 허용하리라 믿는다.

필자는 대학원에서 10년 이상 북한법을 강의하고 있다. 강의시간에 학생들과 대화하면서, 너와 나의 생각이 서로 다를 때는 어떻게 해야 하는지 생각했다. 각자 자기주장의 근거를 공개하고, 제3자의 공감을 얻을 수 있을지 논의하면서 답을 찾아 나갔다. 남북사이의 일도 그럴 것 같다. 내 뜻대로 되는 일은 많지 않을 것이다. 우선 상대의 생각을 알아야 하고 내가 할 수 있는 일, 그리고 해야 할 일도 찾아야 한다.

그런 과정을 통해 도달할 수 있는 미래 그것이 통일이라 믿는다.

책을 편집하면서 북한을 보는 관점이 다양할 수 있다는 생각을 한다. 혼자서 모든 분야를 연구할 수도 없고, 그렇게 하는 것이 효율적이지도 않다. 그렇다면 대안은 다른 사람들과 대화하는 것이다. 생각이 다른 사람, 방향이 같더라도 속도가 다른 사람과 솔직한 대화를 하면서 너와 나의 생각이 다른 이유가 무엇인지, 서로간의 의견이 다른 지금 우리는 무엇을 해야 하는지를 토론해야 한다. 북한, 통일이야 말로 끊임없는 토론이 필요한 분야다. 이 책이 그런 토론의 단초가 되면 좋겠다.

필자는 정부 여러 부처에서 위원회 활동을 했다. 학술대회에서 발표하거나 토론한 일도 있었다. 다양한 생각을 펼치고 서로 공방하는 토론 공간은 소중하다. 그런 공간에서 미래사회에 대한 씨앗이 뿌려지고 익어간다. 성숙한 토론문화가 부족한 우리 사회에서 통일논의의 폭을 확장하는 노력이 계속되어야 한다.

가끔씩 내가 사는 곳을 떠나 밖에서 남북한을 보면 안에서 볼 때와 달리 보이기도 하고, 우리의 현실이 답답하기도 했다. 역사를 배울 때 우리 민족은 외침을 많이 받았고 동족상잔의 아픔을 겪었다고 들었지만 다른 나라도 비슷한 고통을 겪고 있었고, 더러는 우리보다 심했다. 내 나라의 분단고통을 남에게 알리고 공감을 얻으려면, 그래서 통일을 이루려면, 먼저 다른 나라 사람의 고통에 공감해야 한다는 생각도 했다.

북한을 연구하면서 법과 제도에 주목했다. 특정한 분야에서 남북한의 제도 차이는 왜 발생했는지 연구하면서 과거를 보게 되었다. 분단 직후 남북한이 각자의 이념을 실현하기 위해 제도를 형성하는 과정, 그때 형성된 제도가 변화과정을 거쳐 현재 적용되는 실태를 보면서 사람의 삶에 법과 제도가 미치는 영향이 크다는 생각을 한다. 미래사회가 보다 평화롭기를 바라면서 새로운 제도를 구상하고, 통일한국에 적용될 법과 제도는 어떠해야 하는가 생각해 볼 때도 있다.

독서를 하면서 새로운 사실을 알게 되었고, 미처 생각하지 못했던 새로운 접근방식을 배우기도 했다. 다른 시대의 사람, 다른 나라 사람의 글에서 배운다는 것이 좋았다. 가끔은 내가 어느 정도 안다고 생각하던 과거의 일을 새삼스레 되돌아보는 경우도 있었다. 책을 읽고 그 책의 내용에 영향을 받아 글을 썼으니 먼저 책을 발간한 저자들에게 감사하다.

수년간 집필한 글을 모으고 정리하면서 아직 부족하다는 생각을 했다. 글솜씨도 그렇고 생각의 깊이도 그렇다. 그럼에도 불구하고 용기를 내었다. 통일에 대한 상상력이 부족한 현실에서 기존의 논의와는 다른 이야기를 하고 싶었다. 이 책이 통일한국을 상상하는 불씨가 되길 희망한다.

이 책을 아버지 권오갑, 어머니 김춘자 님께 바친다. 거동이 불편하시지만 늘 "우리는 괜찮다. 걱정하지마라." 말씀하신다. 그 말씀만 들어도 힘이 난다. 두 분의 건강이 오랫동안 유지되길 기원한다.

2023. 6.
권 은 민

목차

새로운 세대의 탄생

"

격월간 수필잡지 『에세이스트』에 '통일단상'이란 이름으로 수년 간 연재했다. 연재를 하면서 다양한 형태로 나의 고민을 풀어 보았다. 이때 쓴 글 중에 일부를 골랐다. 통일과 남북문제는 사람마다, 시대마다 관점이 다양하다. 그래서 할 말이 많기도 하고, 어렵기도 하다. 에세이라는 형식과 분량의 한계를 고려하여 글마다 한 가지 주제에 집중하려고 노력했다.

"

새로운 세대의 탄생

북한법을 연구하는 후배와 대화하다가 문득 이 분은 나와 세대가 다르다고 느꼈다. 처음엔 마주 앉은 그녀와 내가 다른 세대라는 사실이 약간 당황스러웠지만 20살 정도 나이 차이가 있는 만큼 당연하다는 생각이 들었다. 2018년엔 남북관계에 큰 변화가 있었다. 3차례의 남북정상회담을 경험하면서 북한에 대한 관심이 뜨거워졌지만 법률실무현장에서는 큰 변화가 없다. 지금도 유지되는 국제사회의 제재 때문이다. 후배와는 장차 대북제재가 해제된다면 북한법을 연구하는 우리들은 무엇을 할 것인지 이야기했다.

남북교류가 본격화되면 나는 평양에서 근무할 생각이 있다고 희망사항을 말했다. 법률사무소 업무일 수도 있고, 남북한 정부의 일을 할 수도 있겠다고 하자 후배는 눈을 크게 뜨고 놀라운 표정을 지었다. 내가 무얼 그리 놀라느냐는 표정을 짓자, 후배는 북한 정부 일을 할 수도 있다는 분은 처음 보았다면서, 자기 이야기를 시작했다. 자신이 평양에서 살 수 있게 된다면 김일성종합대학에서 공부를 더 해보고 싶고, 그 학교에서 북한법을 체계적으로 공부하고 싶다고 했다. 이번엔 북한에서 대학에 다니겠다는 후배의 말에 놀란 내가 물었다.

"평양에서 공부할 때 애들은 어떻게 할 거에요?"

후배는 남편도 그 질문을 했다면서, 애들은 자신이 데리고 가서 평양에서 공부를 시키면 되고, 아이들도 평양친구를 사귀면 장래에 도움이 될 것이라 했더니 남편도 수긍하더라 했다. 북한에서 근무하겠다는 내 생각도 내 또래에겐 놀라운 일이지만, 후배는 나보다 한술 더 떠 그곳에 가서 아이 데리고 살면서 공부를 더 하겠다고 했다. 그 말을 들으면서 서로 다른 세대라고 생각했다. 북한법연구자들 사이에도 세대 구분이 있다.

내가 북한법 연구를 시작한 것은 김일성이 사망한 1994년 무렵이다. 그땐 대부분의 전문가들이 곧 통일이 될 것이라 했다. 당시 판사였던 나는 북한 지역의 법원에서 근무할 수도 있겠구나 생각하면서 북한법에 관심을 가지기 시작했다. 그 이후 북한법연구회에 가입하여 학회활동도 하고 북한대학원 대학교에서 공부를 계속하여 박사학위를 취득했다. 북한법을 공부한지 어언 20년이 넘었는데, 북한법 연구자는 그때나 지금이나 그리 많지 않다.

북한법 연구의 선구자들은 1960년대에 연구를 시작한 몇 분의 교수님(강구진, 최달곤, 장명봉, 김찬규, 최종고)들이 계시고, 1970년대 초반 학번의 교수님(김상용, 박훤일, 신영호, 신현윤, 윤대규)들이 그 뒤를 이었는데, 1.5세대라 할 수 있는 이 분들은 최근 65세 정년으로 대학교수직을 떠나는 중이다.

그 후속 세대는 내가 속한 1980년대 초반 학번들 중심인데, 2세대라 할 수 있다. 이들은 전후 베이비붐 세대로 반공교육을 심하게 받았지만 한편으론 1980년대의 학생운동과 '북한 바로 알기' 운동의 영향으로 북한 자료를 볼 수 있었다. 2세대에는 김병기, 박정원, 이효원, 제성호 등 대학교수도 있지만 변호사, 연구원 등 실무자들이 많고, 각자 분야별로 특화하는 경향이 있으며, 북한법에 관심을 가지게 된 계기도 서로 다르다. 인권 차원에서 접근한 경우도 있고, 공무원으로 북한법 연구를 시작했다가 그 길에 재미를 붙여 쭉 공부를 한 경우도 있고, 어떤 이는 2000년 남북정상회담과 개성공단의 가동을 보면서 북한 업무가 블루오션이 될 것이라 예측하고 뛰어들기도 했다. 2세대 연구자로는 권은민, 김광길, 손희두, 유욱, 이규창, 이백규, 임성택, 한명섭 등이 있다. 그 이후 세대로는 지금 북한법을 공부하고 연구하는 30~40대 연구자들인데, 이들은 3세대라 할 수 있다.

1세대 연구자들은 자신이 전공하는 헌법, 민법, 형법, 상법 연구를 하면서 그 분야의 북한법을 비교하여 연구했다. 그들의 주된 관심사는 북한법령을 입수하고 기본 분석틀을 만드는 것이었다. 당시는 자료 확보가 매우 어려웠다. 일본 등을 통해 겨우겨우 어렵게 확보한 자료를 공유하면서 북한법 연구의 기본체계를 세우는 선구적인 활동을 했다.

2세대 연구자들은 선배들의 노고와 정부가 수집한 북한법령을 토대로 연구했다. 이들은 기본법 이외에 노동법, 조세법, 저작권법, 외국인투자법, 개성공단법, 경제특구법 등 북한법령 전반으로 연구영역을 확장했다. 2000년대 초반은 남북경협이 활발하고, 북한도 법령의 제정과 개정을 빈번히 하는 바람에 실무적으로 연구할 것이 많았다. 이들의 연구로 인해 북한법의 연구영역이 대폭 확장되었다. 정부 차원에서도 급변사태에 대비하여 북한법 연구의 폭을 넓히고 전문성을 추구했는데, 2세대 연구자들이 정부 위원회와 학회에서 적극 활동하였다. 2세대 연구자들은 북한 방문 경험이 있고, 통일부, 법무부, 대법원 용역에도 참여하는 등 실용적인 연구에 중점을 두었다. 최근 북한법령의 변화를 살펴보면, 이들이 주장한 내용이 북한법에 반영되기도 하여 보람을 느낀다.

3세대 연구자들은 체계적으로 북한법 공부를 시작한 세대다. 앞 세대 연구자들은 독자적으로 북한법을 공부했기 때문에 각자 겪어온 경로가 다르고 공부의 폭과 깊이가 다양한 편인데 비하여 3세대 연구자들은 대학원에서 북한법을 체계적으로 공부했다. 북한대학원 대학교, 서울대, 국민대, 동국대 등에서 북한법을 연구하여 석사 또는 박사학위를 취득하였고 지금도 학교에 다니면서 공부하는 분이 많다. 이들을 지도하는 사람은 2세대 연구자들이다. 선후배들이 가르치고 배우면서 연구의 맥을 이어가고 있다.

남북한은 특수한 관계다. 두 나라가 서로 상대방과 통일하겠다고 주장하고 있고, 역사문화적인 배경에 공통점이 많다. 하지만 지난 70년 동안 두 나라의 법제도는 서로 다르게 구축되었다. 사회주의 계획경제 체제하의 북한법제도는 자본주의 시장경제하의 남한법제도와 근본적으로 다르다. 서로 다른 두 법제도하의 사람과 기업이 교류를 하고 경제활동을 함께 할 경우에 발생하는 문제는 다양하다. 그 문제를 얼마나 합리적으로 해결할 수 있는지는 향후 남북한의 미래와도 관련이 된다. 남북교류협력이 활성화되기 위해서는 법과 제도를 합리적으로 설계하고 운영해야 한다. 그 길을 찾아보자는 것이 내가 북한법 연구를 시작한 이유이고, 후배들이 걸어갈 길이다. 북한법 연구에 새로운 세대가 등장하면서 연구의 폭과 깊이도 심화되고 있다. 2세대 연구자들은 북한의 개별 법령 단위로 연구를 진행했다면, 3세대 연구자들은 2세대 연구를 바탕으로 특정 법령 전체가 아니라 그중 한 부문에 집중하여 연구한다. 향후 실무사례가 축적되면 북한법연구에도 큰 변화가 생길 것이다. 남한에 북한을 새롭게 보는 세대가 생기듯이 북한에도 남한법을 연구하는 연구자들이 생길 수 있다. 최근 북한의 변호사들이 중국로펌과 교류하기 시작했는데, 그 흐름이 남한 변호사들과의 교류로 확대될 수도 있을 것이다.

　나는 수년째 대학원에서 북한법을 가르치는 중이다. 장차 북한 학생들이 내 수업에 참여하는 일도 가능할 것이라 믿는다. 내가 가든 그들이 오든 서로 왕래하면서 배우고 익히면 이 또한 좋지 아니한가? 맹자가 추구한 군자삼락(君子三樂)중의 천하의 영재를 얻어 가르치는 즐거움(得天下英才而教育之)을 누릴 날이 머지않았으면 좋겠다.

(2018. 12.)

아버지는 무슨 생각이었을까

나에겐 이상한 버릇이 있다. 다른 사람과 이야기를 하다가 부모가 이
북출신이라는 말을 들으면 귀가 솔깃한다. 그때부터 북한에 대해 구체
적인 질문을 한다. 상대가 오해하지 않도록 나는 북한법을 연구하고 있
고, 대학원에서 강의도 하는 북한연구자로서 질문하는 것이라고 배경
설명을 한다. 이런 경험을 거듭하면서 몇 가지 공통점을 발견하였다.
내가 만난 50~60대의 사람들 부모는 90대쯤이거나 돌아가신 경우가
많았다. 시기적으로 1920년대 생의 부모가 1950년대 생의 자녀를 둔
경우가 대부분이었다.

최근에 만난 분의 아버지는 황해도 곡산 출신이었다. 보통학교 다닐
때 한국인 선생님이 3명의 학생들에게 너희들은 선생님이 되라고 가르
쳤다. 제자들은 평양사범, 함흥사범, 춘천사범에 한 명씩 진학했다. 지
도에서 곡산을 찾으니 세 도시의 중간쯤이다. 그의 아버지는 춘천사범
으로 진학했고, 지금은 춘천교대로 이름이 바뀐 그 학교 1회 졸업생이
되었다. 그의 아버지는 돌아가시기 몇 년 전 아들에게 춘천에 한번 가
보자고 하였고, 그는 그때 아버지를 모시고 다니면서 들은 이야기가 자
신이 고향에 대해 아는 전부라 했다. 춘천사범을 졸업한 아버지는 고향
에서 학교 선생을 하다가 한국전쟁 시기 강제징집되어 국군이 되었다.
전쟁 후 결혼하고 가정을 이루어 살다가 수년 전에 돌아가셨다. 돌아가
실 때까지 맏아들인 자신에게 이북의 고향 마을이나 가족관계, 산소의
위치 등에 대해서 특별한 말씀을 하지 않았다.

나는 몇 가지 질문을 했다. 1946년 북한에서 토지개혁이 있었는데
그 때 무슨 일이 있었는지 말씀하시던지? 북한 학교에 근무할 때 북한
정권의 행태에 대한 말씀은 없었는지? 북한에 남겨진 가족관계는 왜
말하지 않았을지? 나에겐 궁금한 것이었지만 그는 내 질문이 낯선 것

같았다. 아버지는 그런 말씀을 하시지 않았다고, 아버지는 끝내 북한에 남겨진 일가친척이야기는 하지 않았다고만 회상했다. 나는 내 생각을 말했다. 북한출신으로 남한사회에 살면서 혹시라도 당신이 북한출신이란 것이 그리고 가족 중에 일부가 아직도 북한에 살고 있다는 것이 당신과 자식들에게 피해를 줄 수도 있다는 두려움에서, 공산정권과 반공정권을 모두 겪으면서 연좌제의 폐해를 목격한 경험 때문에 말씀하지 않으신 것 같다고 했다. 그는 내 말에 고개를 끄덕이더니 미처 그런 생각은 해 보지 못했다면서 아직 생존하고 계신 어머니께 자세한 내용을 여쭈어 보겠다고 했다.

다른 분들과 나눈 이야기도 대체로 비슷했다. 이북 출신의 부모는 자식들에게 북한 이야기를 거의 하지 않았다. 돌아가실 무렵 혼자서 우는 분도 있고, 조상의 산소가 어디 있다는 정도의 이야기를 남기는 분도 있지만 대체로는 그런 이야기조차 잘 하지 않았다. 이북 출신 부모는 두려웠을 게다. 내가 북한 출신이란 것, 그리고 아직도 그곳에 형제자매와 그들의 자식들이 있다는 사실을 지금에 와서 새삼스레 밝히는 것이 내 가족 내 자식들에게 도움이 되지 않는다고 보았을 게다. 그들은 이산가족상봉신청도 하지 않았고, 자식들이 금강산관광을 가려고 하면 그것조차 말렸다. 공산당이 무슨 짓을 할지 모른다면서 북한은 가지 말라고 말렸다.

내가 묻는 마지막 질문이다. 만일 남북교류가 본격화 되면 이북에 있을 4촌이나 6촌쯤 되는 친척을 만나보고 싶으냐고. 그러면 자녀들은 그런 생각은 해 본 적조차 없다는 표정을 짓다가 한참 후 만날 생각이 없다고 했다. 지금껏 모른 채로 수십 년을 살았는데 지금 만나서 무엇을 어떻게 하겠냐는 생각, 남한에 있는 친척도 자주 만나지 않는 현실, 더러는 남한에 비해 형편이 어려운 이북 친척을 만나보아야 내 것을 나누어줄 뿐이지 무슨 덕을 보겠느냐는 생각도 하는 것 같았다.

나는 아버지들의 입장에서 생각해 본다. 1920년대 출생한 사람이라면 고향과 조상에 대한 애착이 지금 세대보다는 강할 것이다. 그들이 임종을 앞둔 상황이면 고향에 돌아가고 싶고, 그곳에 남겨진 가족을 만나거나 조상의 묘소를 둘러보고 싶었을 것이다. 그런데 그들은 왜 그런 욕망조차 드러내지 못했을까? 그 아버지들이 죽음을 앞두고 자식에게도 다 하지 못한 이야기는 무엇이었을까? 나는 자식의 앞길을 망칠지도 모른다는 두려움 때문이었다고 짐작한다. 그들에겐 자식을 위해서라면 내 욕망쯤은 참아야 한다는 심정과 함께 끝내 고향에 가지 못하게 막는 분단 상황에 대한 원망도 있었을 게다.

"모든 사람은 자기나라 내에서 어디든 갈 수 있고, 어디에서나 살 수 있는 자유를 누릴 권리가 있다. 모든 사람은 자기나라를 포함한 어떤 나라로부터도 출국할 권리가 있으며, 또한 자기나라로 다시 돌아올 권리가 있다." 세계인권선언 제13조가 선언한 그 권리를 누리지 못한 그 분들의 한은 어찌한단 말인가. 그 분들의 간절한 소망을 좌절시킨 것은 누구인가. 한국전쟁이 끝난 지도 70년이 다 되어 가는데 아직도 그때 형성된 분단체제가 당연한 줄 여기는 우리의 집단적 무관심 때문일지도.

(2021. 7.)

우씨 형제의 점심

"우봉 형님, 동태탕집 어떠세요?"

"우보님, 좋아요."

"그럼, 서울지방경찰청 부근 도원일식에서 뵙지요."

지난주에 한 점심약속이다. 우보는 55세가 되자 다니던 언론사에서 퇴직했다. 그는 장래 연구할 목표를 세우고 하나씩 실천해 나가겠다는 포부를 가진 북한학 박사다. 언젠가 둘이서 식사를 하다가 혹시 아호가 있느냐고 물었는데, 그는 우보라 했다. 나는 우봉인데... 답변하면서 갑자기 친밀감이 확 들었다. 그때부터 서로의 호를 부른다.

12시에 맞추어 식당으로 걸어가는데 골목 앞에서 우보를 만났다.

"형님, 식당이 문을 닫았네요. 몇 달 전까지 영업했었는데... 어디로 갈까요?"

"길 건너에 베트남 쌀국수집이 있는데 맛있어요. 주인이 베트남 분이에요."

"좋습니다."

우보는 쌀국수, 나는 분짜국수를 시켰다. 사이공맥주도 한 병 달라고 하여 한 잔씩 따랐다.

"우보는 요즘 무슨 연구하세요?"

"연구원 생활도 바쁘네요... 최근에는 연구원에 매일 출근하여 행사 준비하느라 차분히 북한 연구에 집중하기 어렵네요. 다시 힘을 내야지요."

"그렇군요. 나는 남북한의 법률문제에 대한 논문을 쓰고 있는데, 논문심사과정에서 나온 지적을 반영하면서 남북한문제는 순수법학이라기 보다는 정치적 상황과 시대정신을 반영해야 한다는 사실을 알게 되었어요. 심사의견에 맞추어 논문을 보완하는 것이 만만치 않네요."

"그래도 저는 논문 작성이 의미가 있다고 봅니다. 현시점에서 논쟁을 촉발시킬 수도 있고, 논문은 수십 년 후에도 참고 대상이 될 수 있다는 점에서 엄격한 심사기준을 유지할 필요가 있지요."

대화하는 사이 식사를 마쳤다.

"근처 가서 차 한 잔 할까요?"

둘이서 사직공원 부근의 찻집을 둘러보는데 찻집마다 사람들이 많다. 조금 걷더라도 효자동으로 가기로 하고 골목길을 걸었다. 조금 한가로운 찻집에 앉아 대화를 이어갔다.

"우보, 꽉 막힌 남북관계를 개선시킬 묘안이 있을까요?"

"하노이 북미회담이 결렬된 이후 남북관계가 악화된 채 회복의 계기를 마련하지 못하고 있어요. 저는 한반도문제를 북미간의 대립구도로만 볼 것이 아니라 남한의 역할을 찾아야 하고, 남한 대통령이 북미 양국 지도자를 설득할 영역이 있다고 봅니다."

"그래요 흥미로운 말이네요. 나는 북한이 핵을 포기하겠다는 태도변화가 있어야만 변화가 올 것이라고 생각하고 있었는데요."

"그런 입장은 북핵 선포기론이지요. 저는 남한 대통령이 미국 대통령과 북한 지도자를 설득할 방안이 있다고 봅니다."

"구체적으로 설명해 주세요. 먼저 미국 대통령은 어떻게 설득하지요?"

"역사적으로 의미 있는 위대한 일을 하시라고 설득하는 겁니다. 아무도 해결하지 못한 북핵문제를 해결하고 북한을 국제사회로 이끌어 내는 분이 되라고 설득하는 거지요"

"그거 말이 되네요. 미국 대통령이라면 동의할 수 있는 제안입니다. 그러면 북한 지도자는 어떻게 설득하지요?"

"핵을 포기하면 대북제재가 해제될 것이고 그러면 미국과 남한이 앞장서서 북한에 투자하겠다. 그래야 북한도 국제사회의 일원이 되며 경제도 회복될 것이라고 설득하는 것이지요."

"그 논리는 좋은데 북한 지도자 입장에서는 핵을 포기하면 자신의 생명과 지금의 체제를 보장받을 수 있을지 우려할 텐데요?"

"그런 문제가 있지요. 하지만 다양한 선택지를 제안하는 겁니다. 지금처럼 대북제재로 어려운 경제상황을 더 지속하다가 주민의 저항을 받을 것인지 혹은 지도자에게 힘이 있을 때 지도자 중심으로 북미관계를 개선하고 외국인투자를 유치해서 경제회복을 시도해 볼 것인지를 선택해야겠지요."

"그럴 수 있겠네요. 그러면 마지막으로 남한 대통령이 북미설득에 나설 이유는 무엇일까요?"

"위대한 일을 하는 것이지요. 한민족의 숙원사업인 남북관계를 개선하고 통일의 물꼬를 트는 일이지요. 만일 이런 변화를 이끌어 낼 수 있다면 퇴임 후에도 상당한 인기를 누리는 대통령이 될 것입니다."

"그렇군요. 말씀 들어보면 상식적인 내용이 답이군요."

"그렇지요. 각자 자기 이해관계의 틀 속에서 이 문제를 보기 때문에 해결이 어렵지요. 한쪽에선 북한은 나쁜 나라이고 절대 변하지 않는다고 주장하고, 다른 쪽에선 남북관계를 중심에 두고 미국이나 중국을 움직여야 한다고 주장하는 것이 지금의 현실이지요."

"남북관계는 어떤 문제든 각자의 입장을 지지할 이유가 있는 것 같고, 균형 잡힌 시각을 유지하기가 참 어려워요. 우보는 남북문제를 쉽게 설명하는 능력이 있어요. 청와대나 통일부에서 이런 인재의 조언을 들어야 하는데요."

"칭찬 감사합니다. 우씨 형제들끼리 칭찬하는 것이 쑥스럽기도 합니다만 그래도 기분이 좋네요."

"이제 그만 일어날까요."

큰 길에서 헤어졌다. 그는 연구원으로 나는 법률사무소로. 각자의 고민은 가슴에 품고서. 우보의 말대로 하려해도 그 실천을 어떻게 할지는 또 다른 문제다. 우선 남북관계 개선의지가 확고한 지도자를 선출하고, 다음에는 개선방향에 합의하고... 당면과제가 많다. 하나씩 실천해 나가는 수밖에 달리 무슨 수가 있으랴.

(2021. 11.)

보이지 않는다고 해서

사무실 창밖으로 북악산이 보이고, 그 뒤로 북한산이다. 가까운 북악산은 봉우리 하나가 우뚝 솟았고 먼 북한산은 능선이 쭉 이어졌다. 두 산 모두 바위와 소나무가 많다. 북악산 남쪽에는 푸른 기와집이 있고 그 앞은 경복궁, 산에서 경복궁까지 숲이 쭉 이어진다. 숲 사이에 경회루의 검은 지붕이 보인다.

금년 8월엔 비가 온 날이 오지 않은 날보다 많았다. 채소 값이 오르고 과일 맛이 좋지 않았다. 늦여름 동안 비가 자주 온 탓에 구름도 잦았다. 어느 날 아침 출근길에 세검정에서 광화문으로 자하문 터널을 지나가는데, 늘 보이던 북악산이 보이지 않았다. 짙은 구름 때문에 마치 밤인 듯 산이 보이지 않았다. 특이한 풍경이었다. 그날 사무실 창밖으로 본 북한산은 아래쪽만 보였다. 산 중턱부터는 구름이라 봉우리는 보이지 않았다.

문득 이런 생각을 했다. 산을 없애는 방법이 있다면, 그건 바로 구름으로 산을 덮어 버리는 것이 아닐까? 커다란 산을 어찌 없앨 수 있으랴만, 굳이 그런 일을 한다면 중국 이야기에 나오는 우공이산(愚公移山)의 노인처럼 한 망태기씩 산의 흙을 퍼서 다른 곳으로 옮길 수도 있겠지만, 구름으로 산을 덮어 사람들의 눈에서 산을 가려 버리는 방법도 있겠다. 만일 구름을 부르기 힘들다면, 산을 마주하고 있던 내가 등을 돌려버리는 방법은 또 어떨까? 내 눈 앞에서 산을 사라지게 하는 방법으로는 그것도 그럴 듯하다. 또 산을 마주 보고 있다가 내가 눈을 감아버리는 것은 또 어떤가? 마치 어린아이에게 까꿍놀이를 하는 것 같이. 엄마가 아이 앞에서 보자기를 뒤집어쓰면 아이는 순간 당황한다. 엄마가 없어졌기 때문이다. 약간의 시차를 두고 보자기를 벗으면서 까꿍! 하면 아이가 기뻐한다. 한두 번 하다보면 어색하던 아이도 눈앞에서 엄마가 사라진다고 하여 엄마가 없어지진 않는다는 것을 알게 된다. 아이에게 사물의 연속성을 알려주는 놀이다. 성인이 된 내게 더 이상 까꿍놀이는 필요하지 않다. 구름에 가려도 나는 산이 거기 있다는 것을 알고 있다.

북한 문제를 이런 관점에서 생각해 보았다. 지금 내 눈 앞에 보이지 않는다고 하여 북한 주민이 없는 것은 아니다. 배가 고프거나 몸이 아프거나 독재에 힘겨워하는 사람이 내 눈 앞에 없다고 하여 그런 사람이 없어지는 것은 아니다. 구름 속에 가려진 산이 거기에 있듯이 북한 주민도 거기 그대로 있다.

산이 내게 오지 못하기 때문에 내가 산으로 간다. 마찬가지로 자유롭지 못하고 빈곤한 그들이 내게 오지 못하기 때문에 내가 그들에게 가야 한다. 보이는 것만 보면서 아기처럼 살지 않으려면 보이지 않는 존재에 대해서도 생각하고 관심을 가져야 한다. 까꿍놀이를 졸업한 어른이 취할 태도다.

얼마 전 북한의 인권상황을 주제로 열린 세미나에서 탈북청년의 이야기를 들었다. 탈북하여 중국에 체류하다가 남한에 온지 11년이 되었다는 청년은 키가 크고 얼굴이 갸름했다. 길거리에서 마주치면 다시 한 번 쳐다볼 만큼 잘생긴 청년이었다.

그는 중국에서 숨어 지내던 기억을 떠올리면 지금도 온몸에 소름이 돋고 식은땀이 흐른다. 중국에서는 아침에 눈을 뜨면 가장 먼저 이곳이 어제 저녁에 잠들었던 자리가 맞는지, 내가 쇠창살이 쳐진 감옥 안에 있는 것은 아닌지를 확인했다. 그렇게 4년을 중국에서 지냈다. 탈북자를 잡으러 다니는 중국 공안차의 사이렌 소리가 무서웠기에 지금도 서울 시내에서 응급구조 차량의 사이렌을 들으면 공포와 불안감을 느낀다. 그래도 청년은 공개된 장소에서 자기 이야기를 담담히 할 수 있을 정도로 용감하였다.

청년이 전하는 북한과 다른 나라의 경제수준 차이를 보여주는 이야기가 인상 깊었다. 청년이 북한에 있을 때 아버지의 술심부름을 자주

했다. 빈 유리병을 들고 가서 술을 사 오는 것인데, 겨울철에는 길바닥의 얼음을 조심하지만 그래도 해마다 병을 깨뜨렸다. 그런데 술병 하나의 가격이 한 가족의 하루치 식량을 살 수 있는 값어치였다. 청년은 병을 깨뜨릴 때마다 하늘에 대고 빌었다. 아무리 떨어뜨려도 깨어지지 않는 병이 있으면 나에게 하나만 달라고 빌었다. 그런데 북중 국경을 넘어 중국에 들어가니 페트병이 쓰레기로 굴러다니고 있었다. 그 귀한 병이 쓰레기 취급을 받는다는 것이 탈북자로서 첫 충격이었다.

이런 이야기는 누구에게 어떻게 말해야 할지 모르겠다. 너무나 가슴 아픈 이야기인데, 그 사연이 아직도 진행 중이다. 그런 일을 겪는 사람이 나와 똑같은 말을 하는 사람인데, 나는 어떻게 해야 하는가? 그들의 이야기를 듣고 맞장구라도 쳐 주어야 할 것 같다.

까꿍놀이에 익숙해진 아기는 자기 눈에 엄마가 보이지 않으면 엄마를 부른다. 울음으로 부르든, 엄마라고 소리를 지르든, 애타게 엄마를 찾으면 엄마가 나타난다. 우리에게 북한 주민도 마찬가지가 아닐까? 그들이 우리를 간절히 부르고 있으나 우리가 알아듣지 못하는 것은 아닌지 걱정스럽다. 우린 말로는 통일을 외치면서 통일해야 할 상대방인 그들, 북한 주민의 삶에 대해 관심이 부족했던 것은 아니었는지 반성해 본다. '먼저 온 통일'이라는 탈북자를, 조상의 나라를 찾아온 조선족 동포를 차별하고 있다면 통일이 된들 무엇이 달라질까 걱정스럽기도 하다. 하지만 우린 가야 할 길을 알고 있다. 구름 속에 가리었지만 그곳에 산이 있다는 것을 알고 있듯이.

통일을 겪은 서독인들은 통일과정에서 중요한 것은 하드웨어가 아니라 동독 사람들의 이야기를 참고 들어 주는 포용력이라 했다. 북한 주민의 삶을 이해하려는 노력, 그들의 이야기를 참고 들어주면서 그들의 아픔을 공감하는 정도가 깊어져야 진정한 화합을 이뤄낼 수 있다. 다행히도 그런 것은 당장 할 수 있는 것이다.　　　　　　　　　　(2017. 10.)

핵실험한 날의 일상

2017년 9월 3일은 일요일이었다. 여느 날과 다른 점이 없었다. 하늘은 맑고 높았고, 날씨는 약간 더웠다. 아내는 아침부터 성당에 갔다. 몇 년째 예비자교리반 봉사자로 일하는데 이 날은 세례식이 있는 날이다. 대여섯 명의 봉사자들이 30여 명의 새 신자를 맞아 반년 동안 교리교육을 도왔고 그 결실을 보는 날이다.

며칠 전 일요일에 등산을 가자고 딸과 약속했다. 운동을 해야겠다고 생각하던 중 "좀 시원해지면 가자"고 하던 것이 "이번 일요일에 가자"고 약속했다. 아침을 먹고 딸과 둘이서 집을 나섰다. 집근처 북한산에 오르는 길은 여러 갈래지만 나는 능선까지 오르막이 짧은 탕춘대 길을 좋아한다. 상명대에서 북한산 성벽으로 바로 오르는 길은 한적해서 좋다.

탕춘대 길은 근 1년 만인 것 같다. 등산로는 풀이 우거졌다. 사람이 다니는 길인데도 그 위로 풀이 계속 자란다. 숲에서 빈공간은 오솔길뿐, 풀들은 햇빛을 받으러 길 쪽으로 머리를 내민다. 풀잎을 스치면서 걸었다. 성벽이 보이고, 오솔길이 둘레길과 만나는 곳부터 등산객이 많아졌다. 10시 반 쯤, 벌써 내려오는 사람, 올라가다가 중간에 쉬는 사람들이 뒤섞여 북적인다. 북한산은 온통 푸른빛이다.

점심 무렵 아들 친구가 놀러왔다. 며칠 후에 호주로 워킹 홀리데이를 떠난다고 인사차 왔다. 아들과 그 친구를 데리고 집 근처에서 점심을 먹었다. 호주에 가서 반 년 간은 일하고 그때 번 돈으로 영어연수와 여행을 하고 올 계획이라 말하는 아들친구는 씩씩했다. 먼 나라 호주로 떠난다면서도, 거기서 1년쯤 살다 올 것이라면서도 걱정이 없었다. 영어는 떠듬거리지만 어떻게든 소통할 수 있을 것이라고 믿었고, 현지에서 사귀게 될 외국 사람들과 무슨 이야기를 할지 기대하고 있었다. 발랄한 청춘이다. 그들 스스로야 힘겹겠지만 옆에서 지켜보기는 멋지다.

수십 년 전 이민가던 때와는 다르다. 그때는 내 나라는 살기 힘들어서, 가고 싶진 않았지만, 돈 벌어야 하기 때문에 어쩔 수 없이 외국으로 떠났다. 앞선 세대의 비장함이나 궁상은 없었다.

점심 먹고 집에서 신문을 보고 있는데, 스마트폰에 문자메시지가 뜬다. 북한이 6차 핵실험을 했다는 소식이다. 답답하다. 새 정부에서 북한과 대화하겠다고 손을 내밀었는데 이런 악재가 생기면 어떻게 하나? 핵실험으로 인한 지진의 규모가 5.7이라느니, 북한의 방송에서 핵실험에 성공했다는 뉴스를 내 보냈다느니, 미국이 설정한 레드 라인을 넘었다느니, 미국은 군사공격을 포함한 모든 옵션을 테이블 위에 올려두고 있다는 등의 소식이 이어졌다. 방송에선 전문가들이 이 사태를 분석하는 프로그램을 내 보내고 있었다. 스마트폰으로 검색해 본 페이스북에도 핵실험과 그로 인한 한반도 전쟁가능성을 우려하는 소식이 여럿 올랐다. 엄청난 일이 생겼는데 당장 우리가 할 수 있는 일은 없다는 무력감과 자꾸만 악화되어 가는 남북관계에 대한 좌절감을 표현하는 글이 많았다.

내 생각을 정리할 겸 아들과 이야기를 나누었다.

"북한이 핵실험했대."

"저도 들었어요. 이제 어떻게 되는 거죠?"

"글쎄 나도 걱정이야. 북한이 핵실험한 것은 핵실험을 금지한 국제조약을 위반한 것이지. 다른 나라에 대한 공격은 아니니까 당장 미국이나 한국이 어떻게 할 수 있는 건 아닌 것 같아."

"그럼 가만히 있어야 되나요?"

"아니지. 핵실험을 하지 않기로 한 국제규범을 위반한 것이니 국제적으로 대응해야지. 그게 유엔이 주도하는 경제제재야. 그런데 이미 여러 번 북한에 대해서 경제제재를 했거든. 그 제재를 더 강화하는 노력을 할 수 있을 텐데. 대북제재는 이미 상당한 수준의 제재를 하고 있는 상황이라 추가제재를 더 한다고 해서 문제가 해결될지는 의문이야. 전문가들은 대체로 경제제재로 북한을 굴복시키기 어렵다고 해."

"그럼 어떻게 해요?"

"글쎄 그게 어려운데. 현 상황을 사실로 인정하고 문제를 풀어야 할 것 같아."

"그게 무슨 말이지요?"

"북한이 독립된 나라고 핵무기와 ICBM을 보유한 나라라는 사실을 인정하는 것이지. 그런 사실을 전제로 미국과 북한이 협상을 하고 국교관계를 맺는 거야. 서로 상대를 인정하고, 무력침공을 하지 않겠다고 약속하는 것이지. 그런 다음에 핵실험을 중단하고 기왕에 만든 핵무기도 폐기하는 수순으로 유도하는 것이지. 그 대가로는 경제지원을 하면서 북한을 국제사회의 일원으로 받아들이는 것이지."

"그렇게 하면 문제가 해결될 것 같은데 지금까진 왜 그렇게 하지 않았지요?"

"미국이 원하지 않았기 때문이지. 미국은 먼저 북한이 핵실험과 미사일 개발을 중단하라고 요구하였지. 미국이 보기에 북한은 믿을 수 없는 정권이고 곧 망할 나라인데 그런 나라와 무슨 대화를 하고 국교를 맺느냐는 것이었지. 이젠 현실을 인정해야 할 것 같아."

"미국이 북한을 공격한다는 말이 있는데 그건 무슨 말이지요?"

"미국으로선 북한이 자신을 공격할 장거리 미사일과 그 미사일에 탑재할 수 있는 소형화된 핵무기를 개발완료하게 되면 함부로 북한을 대하기 어렵게 되지. 그렇게 되기 전에 북한을 공격해서 핵무기를 파괴하거나 북한 지도자를 교체하겠다는 거야."

"만일 북한이 공격당하면 가만히 있을까요?"

"가만히 있지 않겠지. 미국을 직접 공격하기는 쉽지 않으니 가까운 남한을 공격할 가능성이 많겠지. 미군부대를 공격할 수도 있고, 휴전선

인근이나 백령도를 공격할 수도 있고, 상황에 따라서는 서울을 직접 공격할 수도 있겠지."

"그러면 어떻게 되나요?"

"전쟁이지. 결국은 남한이 이기겠지만 엄청난 피해를 입게 될 거야. 한국전쟁 이후 수십 년간 우리가 구축한 현재의 대한민국이 무너지게 될 거야. 그걸 다시 회복하는데 또 수십 년은 걸릴 거야."

"그럼 미국이 공격하면 안 되겠네요?"

"그렇지. 하지만 이 점에서는 미국과 남한의 이해관계가 달라. 미국으로선 자국이 공격당할 소지를 원초적으로 봉쇄하기 위해 선제공격을 할 수도 있고, 그로 인해 북한이 남한을 공격한다고 해도 견딜 수 있어. 일부 미국인과 미군이 피해를 입을 수는 있지만 미국 본토가 공격당할 가능성은 낮기 때문에 고려해 볼 수 있는 옵션이지. 하지만 우린 달라. 전쟁이 나면 엄청난 사람이 죽고 우리가 구축한 재산과 사회질서가 무너질 것이거든. 우리는 전쟁을 선택할 수 없지. 결국 우리가 할 수 있는 건 외교적 해결이야. 중국은 한미군사훈련과 북한의 핵실험 및 미사일 개발을 동시에 중단하고 대화를 하라는 제안을 하고 있지. 북한도 그런 제안을 한 적이 있고."

"그럼 그렇게 하면 되잖아요?"

"미국이 원하지 않는다니까. 또 다른 문제는 남한이 낄 자리가 없다는 거야. 북한과 미국은 서로를 상대로 보고 있지. 남한은 끼어들지 말라는 거야. 미국 입장에서는 북한과 국교 수립하는 문제는 미국의 문제라는 것이고, 북한 입장에서는 남한과 대화를 한다고 해서 남한이 미국의 공격을 막아 줄 수 없지 않느냐는 것이지. 결국 힘도 없는 남한은 가만히 있으라는 거지."

"그래서 답답하다는 것이군요."

아들과 이야기를 해 보아도 우리나라가 처한 상황은 여전히 답답했다. 북한의 핵실험으로 인해 생긴 문제는 우리의 운명이 달린 일이다. 남의 눈치만 보고 있을 순 없다. 우리가 원하는 것을 구체화하고 그것을 지켜가기 위해 힘을 기르고, 다른 나라를 설득해야 한다. 가야할 길이 험하다고 피할 수도 없다.

저녁에 아들과 둘이 세검정성당에서 평화와 통일을 빌었다. 어쩌면 북한의 핵실험은 우리나라가 겪어야 할 성장통이고, 이 단계를 넘어서야 남북문제가 해결된다. 이젠 현실을 인정하고 우리가 가야 할 길을 분명히 해야 한다. 나는 사람이 저지른 일은 사람의 지혜로 풀어낼 수 있다고 믿는다. 사실 문제를 푸는 방법은 이미 나와 있고 선택의 문제만 남았는지도 모른다. 무엇이 옳은지 고민하고, 쉽고 편해 보이는 길이 아니라 가야만 하는 길이 어느 쪽인지 찾아보아야겠다.

북한이 핵실험을 한 날, 그날 저녁은 선선했다. 등산하고 기분이 좋아진 딸이 저녁을 차렸다. 샐러드와 피망볶음, 빵과 소시지로 상을 가득 채웠다. 모처럼 온 가족이 한 자리에 모였다. 감사하다. 이런 일상의 평화가 무너지지 않기를 기도했다. 나부터 시작해서 너까지 한 마음으로 소망한다면 평화든 통일이든 또 다른 무엇이든 이루어지리라 믿는다.

(2017. 9.)

북한 주민을 도울 의무가 있는가

남북한의 미래에 대한 법과 제도를 연구하면서 이런 의문이 들었다. 북한 주민을 돕는 것이 의무라면 법률에 지원의무를 명확히 규정해야지만 도덕의 문제라면 어려운 상황을 호소하거나 동포애에 근거한 시민운동으로 나가야 하므로 향후의 진행방향이 달라진다.

당연해 보이는 것을 이론적으로 파고드는 것은 어렵다. 대개의 철학적 문제들이 그런 것 같다. 특정한 생각이나 행동이 당연하다는 주장을 정리하면 쉽게 설명이 가능하지만 처음 그런 생각을 한 사람은 자기 생각을 증명하기 위해 책 한권을 쓰기도 한다. 그런 사례로 루소의 사회계약론이 생각난다. 자유, 민주, 평등, 인권 등 지금은 보편화된 사상들도 과거에는 특별한 생각이었다. 이 문제도 그런 것 같다.

먼저 법률 분야에서 답을 찾았다. 세계인권선언은 "모든 인간은 태어날 때부터 자유로우며 그 존엄과 권리에 있어 동등하다. 인간은 천부적으로 이성과 양심을 부여받았으며 서로 형제애의 정신으로 행동하여야 한다.(제1조)", "모든 사람은 사회의 일원으로서 사회보장을 받을 권리를 가지며, 국가적 노력과 국제적 협력을 통하여, 그리고 각 국가의 조직과 자원에 따라서 자신의 존엄과 인격의 자유로운 발전에 불가결한 경제적, 사회적 및 문화적 권리들을 실현할 권리를 가진다.(제22조)" 1948년 유엔에서 채택된 세계인권선언은 이제 상식이다. 우리가 배우고 익힌 바와 같이, 북한주민을 포함한 모든 인간은 천부적 권리가 있고, 사회의 일원으로 도움을 받을 권리를 가진다. 이 견해에 의하면, 북한주민을 도와야 하고 그럴 의무도 있는 것 같다. 그런데 그것이 법적 의무라고 하기는 아직 명확하지 않다. 조금 더 생각해 보자.

이웃을 돕더라도 얼마나 도와야 하는지에 대해서, 종교의 영역에서 답을 찾아보았다. 가톨릭 사회 교리에 '보조성의 원리'가 있다. 이 원리는 교황 레오 13세가 회칙 『노동헌장』에서 처음 언급한다. 교황은 빈부 격차와 노동 문제 해결을 위해 국가가 직접 개입할 수 있으나 국가의 개입에는 분명한 한계가 있다고 말해 보조성의 원리를 부분적으로 거론하였다. 그 이후 1930년대에 비오 11세 교황은 회칙 『사십주년』에서 분명하게 말했다. 그 당시에는 공산주의 체제의 팽창과 우익 독재의 등장으로 국가 권력이 지나치게 확대되었기 때문에 정치적 독재에 반대하여 인간의 존엄성과 인권을 보호하는 것이 중요했다.

회칙 『사십주년』은 "개인이 자신의 노력과 근면으로 수행할 수 있는 것을 빼앗아 사회에 맡겨서는 안 된다는 것은 변할 수 없는 확고한 사회 철학의 근본 원리이다. 따라서 더욱 하위의 조직체가 수행할 수 있는 역할을 상위 집단에 넘기는 것은 불의이며 중대한 해악이고 올바른 질서의 교란이다. 국가 권력은 중요성이 적은 사업과 활동의 수행을 다른 조직체에 넘겨주어야 한다."고 하였다. 이것은 집단 간의 관계에 대해서 이야기 하는 것인데 존재하는 각 집단들 간의 관계를 어떻게 만드는 것이 좋은가를 다룬다. 이 원리의 가장 기본적인 노선은 모든 집단들은 개인을 위해서 존재하는데, 작은 집단이 개인을 위해서 무슨 일을 할 수 있다면 하도록 놔두고 작은 집단이 할 수 없는 일은 더 큰 상위의 집단이 맡고, 그 집단이 할 수 없는 것은 국가가 맡아야 한다는 논지이다.

이 원리에 의하면, 북한주민이 할 수 있는 일은 그들이 하도록 두고, 북한주민의 재정상황이나 현재의 형편상 할 수 없는 일을 도와주어야 한다. 어떤 일이 그들이 할 수 있는 일이고 어떤 일은 아닌지를 판단하는 것은 구체적 사정을 고려해야 한다. 얼핏 떠오른 것은 생계를 해결하는 일은 북한주민이 하되 그들이 일할 직장을 만들고 그들이 사는 도시의 인프라를 구축해 주는 것은 상위 집단이 도와줄 수 있다. 이렇게 되려면 북한주민에게 자신의 생계를 해결할 자유를 보장해야 한다. 현재의 북한 노동법은 노동의 자유를 보장하지 않는데 이것은 북한주민의 자유권을 제한하는 것이다. 북한당국에게 노동법의 개정을 촉구해야 할 이유가 생긴다.

한편 이와 비슷한 개념은 EU의 권한배분에도 있다. "공동체는 보충성의 원칙에 따라, 제안된 행동의 목표를 회원국들이 충분히 달성할 수 없고, 따라서 제안된 행동의 규모나 효과로 인하여 공동체가 더 잘 달성할 수 있는 경우에만, 그리고 그 범위 내에서만 행동을 취한다." 이러한 보충성 원칙에 위반되면 EU 사법재판소에서 사법심사의 대상이 된다. 국가가 모든 것을 다 해서는 안 된다는 한계설정이기도 하고 공동체를 지키기 위한 역할은 해야 한다는 의무부여이기도 하다. 기본원리라는 것이 얼핏 들으면 쉬운 것 같지만 실천하려고 자세히 들여다보면 어떻게 하라는 것인지 가늠하기 어렵기도 하다.

내 생각은 현재 여기까지 진행 중이다. 북한주민은 남한주민에게 경제적인 도움을 요청할 권리가 있고, 남한주민은 북한주민을 도와야 할 의무가 있는 것 같다. 이때의 권리와 의무의 대상은 개인이 할 수 있는 것은 제외하고 개인이 할 수 없거나 공동체가 담당하기에 적합한 일들이다. 그런데 이 논의의 전제는 하나의 공동체 속 구성원들 간의 문제다. 남한주민에게 저 멀리 아프리카 탄자니아의 주민을 도울 의무가 있다고 하기는 어렵다. 그러면 마지막 질문이 나온다. 남북한의 주민이 권리와 의무를 논할 만큼 하나의 공동체를 이루고 있는가? 아직은 그렇지 않은 것 같다. 하나의 공동체가 아니라면 그들 사이에서 권리와 의무를 논하기는 어렵다. 부수적인 질문이 이어진다. 우리는 남북한이 하나의 공동체를 이루기 위해 노력해야 하는가? 이 질문도 답이 어렵다. 통일이 필요하다고 생각하는가? 라는 질문과 비슷한데 그 답이 세대별로 시대별로 변하고 있기 때문이다. 결론적으로 남북한이 아직 하나의 공동체를 이루지 않은 현재는 북한주민을 돕는 것이 남한주민의 의무라 하기는 어렵다. 내가 이 글을 구상할 때 결론이 이렇게 날지는 몰랐다. 글을 쓰면서 그리고 자료를 찾으면서 생각이 조금씩 변했다. 앞으로 내 생각이 또 어떻게 변할지 궁금하다.

(2021. 10.)

한국전쟁

한국방송공사가 10부작으로 만든 다큐멘터리를 보았다. 한 편당 1시간 정도 분량이라 방송시간이 길고 내용도 끔찍하여 한 번에 많이 볼 수가 없었다. 하루에 한두 편씩 일주일 정도 걸려 다 보았다. 어느 정도 알고 있다고 생각했던 이 전쟁에 대해 다시 생각해 보게 되었다. 3년간 한반도를 휩쓴 전쟁을 한두 관점으로 볼 수는 없다. 이 다큐멘터리는 1990년경 남북한, 미국과 중국, 러시아 그리고 일본까지 실제로 전쟁에 참여한 사람을 인터뷰하여 제작하였다가 그 이후에 공개된 비밀문서까지 자료를 더 참고하여 2010년대에 다시 만들었다. 어느 일방을 편들지 않은 균형 잡힌 시각이 돋보였다.

전쟁의 시작은 김일성의 명령이었지만 그 이전 2차 세계대전부터 분단의 씨앗이 뿌려지고 있었다. 일제 강점기와 세계대전을 거치면서 소련군과 미군이 남북한을 분할점령하는 방식으로 해방을 맞았다. 김일성과 이승만이 남북한의 정치지도자로 떠오르면서, 그리고 미국과 소련사이의 협의체인 미소공동위원회에서 신탁통치 찬반 논란을 거치면서 분단의 골은 깊어졌다. 막상 전쟁이 시작되자 사람들은 "터질 것이 터졌다."는 반응을 보이기도 했다. 1950년 6월 25일, 북한의 공격으로 전쟁이 시작되고, 남한은 3일 만에 수도 서울을 허무하게 잃고 그해 여름, 낙동강 방어선까지 밀렸다. 대구와 부산을 포함하는 경상도 일대만 남았다. 전황을 보면 이승만의 북진통일 주장이 구호뿐이었다는 사실과 김일성의 전쟁 준비사실이 명확하다. 전쟁기간 중 남북한의 주민은 내전의 소용돌이에 휩쓸렸다. 전쟁 직후부터 남한은 유엔에 도움을 요청하였고, 미국 주도하에 2차 대전 이후 신설조직인 유엔은 한국전쟁에 개입하는 결정을 내렸다. 유엔군 사령관 맥아더의 결단으로 인천상륙작전이 진행되고, 이것을 계기로 전세를 회복한 유엔군은 38선을 넘었다.

그러자 중국이 참전하면서 전쟁은 새로운 국면에 접어들었다. 신생
국 중국은 조국통일을 달성하기 위해 대만을 점령해야 할 상황이었으
나 그 역량을 한반도에 쏟아붓기로 결단했다. 명나라가 임진왜란에 참
전한 이후 청나라로 교체된 역사를 보면 중국의 참전결정은 국가의 명
운이 달린 일이었을지도 모른다. 중국은 수십만의 병력을 한반도에 투
입하였고, 유엔군은 중국군을 만나면서 북진을 멈추었다. 전세가 역전
되었고, 유엔군은 또다시 서울을 버리고 후퇴하였다. 그것이 1951년 1
월 4일의 1.4후퇴다. 그 이후 중국군의 춘계공세를 막아내면서 유엔군
은 현재의 휴전선 부근까지 진격했다. 미군 중심의 유엔군과 중국군 중
심의 북중연합군 어느 쪽도 일방적 우위를 가지지 못한 전쟁이었다. 다
큐멘터리를 보면서 새삼 깨달은 사실이다. 어느 쪽도 압도하지 못하는
전쟁, 그 사이에 끼인 사람들의 운명은 누가 결정하는 것이며, 그들이
입은 피해는 누가 책임져야 하는지...

　개전 후 3일 만에 수도를 포기한 남한은 처음부터 전쟁수행능력이
없었다. 북한은 초기에는 소련의 지원을 받은 탱크 등의 우수한 무기로
계획대로 작전을 수행했으나 인천상륙작전 이후에는 전쟁수행능력을
상실하여 중국군에 의존할 수밖에 없었다. 중국은 건국 1년 만에 세계
최강 미국을 상대로 한 전쟁에 참여하게 됨으로써 국력 소모가 막대하
였다. 미국은 소련을 견제하고 한반도에 우호세력을 두어야겠다는 세
계전략 하에 남한을 지원하였지만 중국과 정면 대응할 의지는 없었다.
한국전쟁에 참전한 대부분의 미군은 한국이 어디있는지도 몰랐던 20대
젊은이였다. 젊은 미군이 카메라 앞에서 엄마가 보고 싶다고, 이번 크
리스마스는 가족과 보내고 싶다고 말하며 수줍어하는 영상이 인상적이
었다. 전쟁이 1년을 넘어가면서 어느 측도 상대를 압도할 수 없다는 것
이 명확해졌다. 결국 휴전협상을 시작하게 되었지만 그것조차 쉽지 않
았다. 스탈린은 미군을 한반도에 붙잡아 두고 유럽에서 우세를 점하려

는 의도 하에 휴전협상을 지연하라고 명령했고, 협상은 3년을 끌다가 스탈린이 사망한 이후에야 종결되었다.

한국전쟁 기간 이념 갈등으로 인한 피해가 많았다. 전선이 남북으로 오가는 사이 특별한 정치적 견해가 없는 대부분의 주민들은 눈치를 보다가 부역하기도 하고, 지지하는 나라가 다르다는 이유로 서로 죽이기도 하였다. 그런 갈등이 집단적인 폭력으로 표출되면서 한 마을 사람들 간에도 원수지간이 된 경우가 있었다. 전후문학에 많이 등장한 소재들이다. 며칠 전에 읽었던 차범석의 드라마 『산불』이 생각났다. 거제도에 수용되었던 북한군포로송환문제도 사연이 많고, 서울 주민 중 피난가지 못한 주민들이 겪은 부역자의 문제도 그렇다. 유병진 판사가 부역자 재판을 하면서 고민한 이야기를 쓴 『재판관의 고민』이 기억난다. 하진이란 중국 작가가 쓴 중국군포로가 거제도 포로수용소에서 겪은 이야기를 소재로 한 『전쟁쓰레기』를 읽으면서 그 시대를 살지 않은 사람이 역사에 대해 그리고 고통을 겪은 사람들에게 함부로 말할 것이 아니라는 생각을 하였다. 한편으론 문학이 그 시대를 증언하고 있어 그나마 다행스럽기도 했다.

다큐멘터리 마지막 편에는 전쟁에 참여했던 각국 병사들의 인터뷰가 나온다. 노인이 된 사람들이 지금도 그때만 생각하면 눈물이 나고 잠이 오지 않는다는 말을 한다. 영상을 찍은 지도 한참 지났을 지금쯤은 거의 돌아가셨을 터. 그들이 말한 '아직도 전쟁은 끝나지 않았다'는 말이 인상적이다. 2021년 남한 대통령이 유엔총회 기조연설에서 종전선언을 제안하였지만 각국의 반응은 미적지근하다. 한국전쟁은 북한이 남한을 침공하면서 시작되었지만 중간에 미국과 중국이 개입하면서 결말을 제대로 짓지 못했다. 한반도에서 현상을 변경하는 것은 남북한의 의지만으로 이룰 수 없다는 과거의 경험도, 현상변경을 시도조차 하지 못하는 현재의 상황도 그리 좋아 보이지는 않는다. 종전선언은 한반도 평화체제를 본격화하는 논의의 시작일 뿐인데 그것마저도 쉽지 않다. 아직도 한반도 정세는 불안하다. 이런 불안정한 상황을 개선시키는 노력은 나부터 그리고 내 주변 사람들부터 시작해야 한다. 정답이 없거나 해답을 찾기 어려울 때일수록 대중의 지혜를 모아야 한다. 잘 만든 다큐멘터리를 보고 난 심정이 답답하다.

(2022. 1.)

홍길동과 북한

어떤 단체가 실체가 있는 것으로 알고 있었는데, 법적으로 그 실체를 인정하지 않는다는 판결이 선고되면 사람들은 의아하게 여긴다. 학교가 그런 사례다. 학교는 교육시설의 명칭으로서 법인이 아니기 때문에 민사소송에서 당사자능력이 인정되지 않고, 그 학교를 설립한 학교법인이 당사자가 된다. 향우회, 동창회, 아파트자치회도 비슷하다. 그런 일이 사람에게도 생길 수 있을까, 신분이 다르거나 부모가 누군지 모른다고 해서 사람이 아니라고 하긴 어렵다. 그런 일이 국가에도 생길 수 있을까, 정치적인 이유로 국가승인을 하지 않았다고 해서 국가로서의 권리가 없다고 하긴 어려울 것이다.

이런 일이 실제로 있었다. 내가 '장자'쯤 되었더라면 멋진 비유로 설명해 볼 텐데... 아직 적당한 설명방법을 찾지 못했다. 겨우 생각한 것은 '홍길동전'이다. 아비를 아비라 부르지 못하고 형을 형이라 부르지 못한 서자 길동이는 결국 집을 나서 도적의 두목이 되고, 기존 질서를 부정하는 도적질을 하다가 제 나라를 떠나 낯선 섬나라로 간다는 이야기다. 기존질서가 아들로 인정해 주지 않는다고 해서 그 아들이 그냥 순순히 복종하는 건 아니다. 자식으로 인정받지 못한 길동이는 새로운 질서를 만드는 고통의 길을 걸었다. 그 고통 속에서 변화가 생겼지만 변화과정을 겪는 사람들은 힘겨웠다.

실제 사건을 보자. 한국전쟁 중 북한군에게 포로로 잡힌 분이 북한에서 살다가 수십 년이 지난 후 탈출하여 대한민국으로 귀환했다. 그는 북한과 최고지도자를 공동피고로 손해배상소송을 제기했고, 1심 법원은 피고 측이 참석하지 않은 상황에서 공시송달이라는 절차로 재판을 진행한 후 위자료 2천만 원을 지급하라고 판결했다. 이것이 문제의 시작이다. 판결을 받은 사람은 그 돈을 받기 위해 북한과 저작권관리계약을 맺은 단체를 상대로 그 단체가 보관 중인 북측에 지급할 저작권료를 지급하라는 추심금 소송을 제기했다. 나는 이 사건의 판결문을 보았다. 그 사이 돈은 이자가 불어 4천만 원이 되었다. 원고와 피고는 변호사를 선임하고 치열한 법리공방을 했고, 판사는 무려 80쪽의 판결문을 작성했다. 통상 3쪽 내지 5쪽 정도로 해결할 수 있는 사건인데, 판사도 하고 싶은 말이 많았던 것 같다.

판사는 재판의 전제라는 제목아래, "헌법상 대한민국의 주권은 북한 지역까지 미치므로, 이 법원은 원칙적으로 우리나라의 헌법과 법률을 근거로 하고 북한의 법률은 보충적으로 검토한다."고 선언했다. 여기서 부터 문제가 꼬이기 시작한다. 그런 다음에 판사는 원고에게 돈을 지급해야 할 채무자인 북한이 권리능력의 주체가 되는지를 살펴보기 위해 북한의 국가성을 검토한다. 판사는 20쪽 가까운 설명을 거쳐 "남북회담과 교류협력 만으로 우리 법과 제도 하에서 북한을 국제법과 국내법적으로 독립한 국가로 취급할 수 없다....북한을 우리와 대등한 별개의 독립된 국가로 볼 수 없다."고 결론지었다. 논리적 판단이라기보다는 앞에서 선언한 주장을 뒤에서 되풀이한 것이다. 그 다음에 "북한이 비법인사단인지 여부에 관한 판단"이라는 제목 하에 10쪽 분량의 설명을 하고 나서 북한은 비법인사단이 아니라서 채권을 가지는 권리의 주체가 될 수 없다고 선언했다. 판결문에서 비법인 사단의 예시로 종중, 문중을 들었는데, 북한사람이 보면 기가 찰 노릇이다. 자신의 나라를 문중과 같은 반열에 놓고 법률검토를 하였다는 사실을 납득하긴 어려울 것이다. 판사는 원고의 청구를 기각하였다. 마지막 설명은, "만약 북한이 비법인사단이라고 하더라도 저작물사용계약에 따른 권리의무의 귀속주체로 볼 수 없고, 피고가 공탁금을 수령하지 않은 이상 피압류채권이 존재한다고 보기도 어렵다."고 했다. 이 사건 판결은 소송당사자 어느 쪽도 만족시키지 못하였을 뿐만 아니라 장래 유사한 문제가 발생할

제1장 새로운 세대의 탄생

때도 해결에 도움이 되지 않는다. 원고 입장에서는 북한은 권리의 주체가 될 수 없고, 만약 소송제기가 가능하더라도 저작권료는 북한 당국의 돈이 아니라는 말을 들었다. 피고 입장에선 당장 돈을 지급하지 않게 되었지만 북한이 권리의 주체가 아니라면 자신이 계약을 맺은 북한기관인 저작권 사무국은 그 실체가 무엇이란 말인지 애매하게 되었다. 이 사건 판결은 앞선 소송에서 북한은 돈을 지급할 의무가 있다고 판단한 것과도 다른 결론이다.

자, 이제 내 생각이다. 왜 이런 일이 생겼을까. 어디서부터 무엇부터 잘못되었을까. 국군포로의 희생을 민사소송으로 해결하겠다는 발상에서부터 일이 꼬이기 시작했다. 그것은 역사의 한 부분이고 남북한 정부가 해결해야 할 문제이지 개별 주민이 북한을 상대로 민사소송을 제기할 것은 아니다. 세상에는 소송으로 해결할 수 없는 큰일도 있다. 남한 정부는 '국군포로의 송환 및 대우 등에 관한 법률'을 제정했다. 그 법에 따라 해결할 문제를 개인이 북한을 상대로 민사소송을 제기한 것, 그런 시도를 운동차원에서 시도한 사람들의 발상에서부터 꼬이기 시작했다. 법원도 문제를 해결하기는커녕 더욱 복잡하게 만들었다. 국군포로가 북한을 상대로 제기한 민사소송을 통상의 재판절차로 진행한 것이 맞는지 의문이고, 더구나 피고가 되는 북한 측은 재판에 참여하지도 않았는데 원고 측 말만 듣고 판결을 선고하는 것은 납득하기 어렵다. 그렇게 선고된 판결 금액을 배상하라고 요구하면 북한이 수용할 수 있을까. 입장을 바꾸어 놓고 생각해 볼 문제다. 실체가 있는 북한에 대해 주소를 알 수 없을 때 예외적으로 적용하는 방식인 공시송달을 하는 것이 타당한지도 의문이다.

장래 이런 일이 반복된다면 더욱 큰 문제다. 한국전쟁으로 피해를 입은 그 많은 사람들이 똑같은 소송을 낸다면 판사는 어떻게 처리할 것인가. 이 사건의 판사는 70년 전에 형성된 북한은 반국가단체라는 선례,

30년 전 교류협력의 초기에 형성된 북한은 반국가단체이자 교류협력의 상대방이라는 이중적 지위를 가진다는 선례를 답습하고 있다. 이 사건의 결론을 원고 패소로 보았다면 북한의 국가성 문제를 언급할 것도 없이 저작권료는 북한당국의 것이 아니라 저작권자들의 것이라는 논리로 판결할 수 있었을 터인데, 굳이 오래 전 판결을 다수 인용하여 기존 논의를 반복하였다. 냉정히 살펴보자. 유엔에 가입한 북한, 그리고 남북기본합의서 등 250여 건의 합의를 남한과 체결한 상대방인 북한이 권리능력이 없다는 결론을 수긍하기 어렵다. 북한은 국가도 아니고 비법인사단도 아니라면 그럼 북한은 유령이란 말인가. 북한이 사실상 국가라는 말을 하기가 그렇게 어려운가. 판사는 애를 썼지만 문제는 해결되지 않았다. 개별사건 해결에도 도움이 안 되고 후속 사건에도 지침이 되지 못할 엉뚱한 판결이 되었다.

다시 소설로 돌아가 보자. 홍길동이 집을 떠났지만 갈 곳이 없었다. 우연히 만난 도적떼의 두목이 되었다. 길동이가 세상에 목소리를 내는 방법은 무리를 이끌고 도적질 하는 것이었다. 소설에선 활빈당이라 하며 도적떼를 좋게 묘사하고 있지만 그런 행동이 선하다고 할 수는 없다. 북한이 지난 수십 년 동안 핵개발에 매달리는 것 또한 길동이의 도적질과 유사한 건 아닐까. 나를 인정해 달라는 것, 제대로 대우를 해 달라는 것이 길동이의 요구였다면, 자신을 정상국가로 대우해 달라는 것이 북한의 요구다. 상대가 자신의 요구를 무시하면 자기가 할 수 있는 한에서 저항하는 길동이의 이야기는 소설이 되었고, 북한의 저항행태인 핵개발은 지금도 진행 중이다. '인간의 모든 갈등은 인정받고 싶은 욕망 때문이다.'는 말이 있다. 철학자 헤겔은 타인에게 인정받고 싶은 인간의 욕망을 '인정 투쟁'이라 했다. 길동이나 북한이나 인정 투쟁을 하는 것이다. 인정받고 싶은 사람을 있는 그대로 인정해 주면 그 문제는 해결된다. 법률에서 그리고 재판에서 북한을 인정해 주는 길은 국제사회가 인정하는 대로 국가로 인정하는 것이고, 남한이 남북기본합의서에서 약속한 대로 상대방으로 존중해 주는 것이다. 그것이 시작이다.

(2022. 8.)

새로운 생각을 찾아서

"아, 저건 참 새로운 생각이다." 문득 그런 생각을 한 것은 『한국 지성과의 통일 대담』(패러다임북, 2018)이란 책을 읽던 중이었다. 건국대학교 통일인문학연구단이 발간한 이 책은 각 분야 전문가들을 심층 인터뷰하여 만든 것인데, '밖에서 본 분단, 안에서 본 통일'이라는 제목 아래 박노자, 후지이 다케시, 서재정, 박명림의 이야기가 나온다. 책에서 내 눈길을 사로잡은 것은 박노자의 말이었다.

"북한 땅에 대한 땅문서를 남쪽에서 대를 이어 간직하고 있는 것은 남북의 통합과정을 염두에 둘 때 포기될 필요가 있습니다. 해방 후 북에서 일어난 토지개혁은 북조선 사회를 만든 제일 신성한 부분 중 하나였어요. 해방 후 민주개혁의 핵심인 토지개혁을 부정하는 토지문서는 북쪽 주민들을 존중하는 차원에서 폐기의 대상입니다. 남북통일이 서로를 굴복시키고 패배시키는 과정을 의미하는 것일 수는 없기 때문입니다."(135~136쪽)

박노자는 옛 소련에서 태어나 한국으로 귀화한 학자로 한국사회에 대한 비판적인 글을 쓰는 분이다. 그는 북한토지문제를 기존의 학자들과 달리 보았다. 어떤 문제는 내 눈에는 보이지 않지만 남의 눈에는 잘 보인다. 남북한의 토지문제, 특히 해방 무렵 토지개혁이야 말로 그런 것일지도 모른다. 해방과 한국전쟁을 겪으면서 한국 사회는 이념 과잉에 몸살을 앓았다. 현 시대의 학자들은 자신도 모르는 사이 앞 세대의 영향을 받았을 가능성이 있다. 이런 문제는 외국인이 냉정히 판단할 수도 있다. 이 문제에 대한 기존의 연구로는 역사학자와 법학자들의 논문이 다수 있었는데, 최근 소련 자료가 공개되면서 해방 당시 북한지역의 토지개혁에 대한 연구가 새롭게 진행되는 상황이다. 객관적인 연구는 지금부터 새로 시작해야 할 것 같다.

과거를 지금 시점에서 다시 보려면 몇 가지 유의할 것이 있다. 우선 과거의 역사를 정확히 파악해야 한다. 당시 무슨 일이 있었고, 왜 그런 일이 일어났는가?, 그 일을 겪은 사람들의 반응은 어땠는가?, 과거 그들이 한 일을 지금 우리는 어떻게 받아들여야 하는가?, 왜 지금 그 문제를 논의하는가? 라는 문제를 제기하고 그 문제의 답을 찾기 위해 논의해야 한다.

1946년 봄, 북한 전역에서 일어난 토지개혁은 수십 일이라는 짧은 기간에 벌어진 일이었지만 수천 년간 지속된 토지소유관념을 일거에 혁명적으로 뒤엎은 사건이었다. 그 사건 후 다시 70년 이상 흘렀고 그 사이 남북한은 많이 변했다. 2019년 현재 남한에 살고 있는 내가 북한 지역의 토지개혁을 이해하기는 어렵다. 이 문제를 제대로 이해하기 위해서는 일제강점기 농민들의 빈곤한 삶, 소련의 북한 점령, 무상몰수 무상분배의 원칙하에 집행된 혁명적인 토지개혁과정, 그 과정에서 땅을 빼앗기고 쫓겨난 사람과 새로 땅을 분배받은 사람들 사이의 갈등, 한국전쟁과 그 이후 농업협동화 시기를 거쳐 결국 모든 토지가 국유로 된 북한역사를 공부하고, 북한 토지법에 '토지는 혁명의 고귀한 전취물(戰取物)'이고, '토지에는 토지개혁을 위하여 고귀한 생명을 바친 혁명선렬들의 붉은 피가 스며있다'고 명시한 이유를 곰곰이 생각해 보아야 한다.

지금 남한에서 북한토지개혁을 보는 시선은 어떤가? 혹시라도 수십 년의 시간도 건너뛰고, 토지개혁이 일어난 이유나 그런 변화를 이끈 사람들의 사정도 무시한 채 단지 토지개혁법령에 법적 정당성이 없다는 이유만으로 과거의 일을 뒤엎자고 주장하는 것은 아닌가? 1990년대 남한 법학계는 땅을 빼앗긴 지주에게 그 땅을 되찾아주는 것이 정의라는 내용의 원소유자반환 주장이 다수였다. 하지만 2000년 무렵부터 원소유자반환 주장이 점차 약화되고, 기존에 북한 지역에서 형성된 현실을 존중하여 원물인 토지를 반환할 것이 아니라 당시의 가치를 보상하는 것이 타당하다거나 조금 더 나아가 보상을 할 경우에도 그 보상은 형식적인 수준에서 하자는 주장이 나왔다. 그러다가 최근에는 보상론도 부정하고 원소유권자의 소유권을 보호할 필요가 없다는 주장이 제기되고 있다. 보상불필요설의 논거는 여러 가지인데, 현재의 북한 주민이 그 땅의 소유자이고 70년 전 지주들 권리는 소멸되었다는 것이 주된 내용이다.

어느 주장이 맞을지는 더 논의해야 할 것이고, 장차 통일이 도래한다면 통일협상과정에서, 그리고 국회에서 이 문제가 논의될 것이다. 국회에서 북한 토지문제와 관련된 법률이 제정된다면 그 법률이 헌법에 위반되는지를 가려달라는 헌법재판이 제기될 수 있다. 결국 법률의 운명은 헌법재판소의 재판에서 결론이 날 것이다. 재산권보호의 절대성을 주장하는 사람이 많은 남한 사회에서 토지문제는 쉽사리 해결될 성질이 아니기 때문이다. 이런 상황까지 염두에 둔다면 통일헌법 제정에 참여할 대표자 선정과 헌법재판소 구성문제가 중요하다.

최근 대학원에서 '북한부동산법제' 강의를 하면서, 나는 어느 쪽 주장을 따를 것인지 고민했다. 답이 쉬운 것 같으면서도 어려웠다. 수업시간에 3가지 견해를 설명하고 학생들의 입장을 물었다. 세 가지 견해 모두 지지자가 몇 명씩 있었고 압도적 다수 의견은 없었다. 박노자가 제기한 문제를 깊이 생각하기 위해 수업시간에 참고자료로 소개했던 황순원의 소설 『카인의 후예』를 다시 읽어야겠다. 그 소설에는 토지개혁을 하던 그 당시 북한 상황이 자세하다. 소설은 토지개혁 과정에서 끝이 나는데, 지금은 소설의 뒷이야기가 궁금하다. 뒷이야기를 알기 위해서는 북한역사를 공부해야겠지만, 우선 토지개혁 이후를 다룬 북한 소설을 읽어볼까 싶다. 객관적 사실이 무엇인지 밝히고, 그 밝혀진 사실을 바탕으로 통일된 나라가 가야 할 길은 어느 쪽인지 찾아보는 노력을 계속하려 한다. 그러다 보면 언젠가 나만의 새로운 생각을 찾을 수 있겠지 싶다.

(2019. 12.)

조난자들

책이름인 조난자란 말은 조금 생소했다. 사전에선 조난자(遭難者)를 "항해나 등산 따위를 하는 도중에 재난을 만난 사람"이라 정의한다. 대항해 시대도 아닌 요즘 같은 시절, 휴대폰만으로도 세상 누구라도 소통할 수 있는 이 시절에 '무슨 조난자?'란 생각이 먼저 들었다. 탈북자 주승현이 쓴 책의 제목은 『조난자들』 부제는 '남과 북, 어디에도 속하지 못한 이들에 관하여'(생각의 힘, 2018)이다. 제목만으로 무슨 말을 할 지 짐작이 갔지만, 책을 통해 그의 고단한 삶 속에 좀 더 가까이 들어가 보았다. 힘겨운 삶을 산 사람의 글을 읽으면 내 몸도 아파지는데 이 책이 그랬다.

저자는 "비무장지대에서 북측 심리전 방송요원으로 복무, 휴전선을 넘어 한국에 온 후 연세대에서 공부하여 통일학 박사를 받았고, 현재는 대학에서 강의 중인 30대"라고 자기를 소개한다. 그의 책을 읽는 도중에 여러 번 그의 생각에 공감했다. 가끔씩 그의 고단한 삶에 손 한번 내밀지 못한 나를 반성하면서, 그리고 그런 과정을 거치면서 실제 경험은 머리로 생각한 것보다 훨씬 처절하다는 것, 각자가 겪는 고통은 개별적이라는 것, 자기의 고통을 글로 쓰면 그 글을 통해 남과 소통할 수도 있다는 생각을 했다.

책에서 공감한 몇 장면과 내 생각이다.

"무엇보다 내가 걱정하는 것은 한국사회에 실재하고 있는 탈북민에 대한 편견과 차별, 배제가 북한 주민들에게 전해질까 하는 우려다. 사실 오래전부터 북한 주민들은 당국의 선전을 통해서든 탈북민을 통해서든 한국이 무한경쟁사회라는 것을 대부분 알고 있다. 그럼에도 탈북민은 한국이 북한보다는 나을 거라는 희망과 우리는 결국 한 동포라는 믿음으로 탈북을 감행한다. 하지만 탈북에 성공하더라도 한국사회에서 직면하는 지독한 편견과 차별, 배제는 전혀 상상하지 못한 것이다. 만약 이런 사실을 북한 주민들이 알게 된다면 한국에 대한 감정이 악화되어 남한이 주도하는 통일을 더욱 강력하게 거부할 것이며, 통일 그 자체에 대한 열망도 사그라들 것이다. 나는 무엇보다 그것이 두렵다."(44쪽)

저자는 종로에 있는 일식당에 취직했다. 남들이 여덟 시간 일할 때 열두 시간 일했다. 배달과 주방일 외에도 온갖 궂은일을 도맡아 했다. 첫 월급을 받던 날 동료보다 더 일했음에도 수십만 원이 적었다. 노력과 대가는 비례한다는 상식은 탈북민에겐 예외였다. 이 사건을 계기로 저자는 공부를 하기로 마음먹고 대학에 진학했다.

"오직 살아야겠다는 절박함으로 비무장지대를 건너 기적적으로 생존했다. 그리고 오늘 나는 또 다른 오기와 갈급함으로 하루하루를 마주한다. 그것은 바로 통일이다. 단순히 북한이 고향이어서가 아니라, 통일 문제 연구자로서가 아니라, 남북의 분단체제를 모두 살아낸 경험자로서, 한반도에 존재하는 수많은 조난자 중 한 명으로서 통일을 열망한다. 그리고 그 통일은 소수가 원하고 다수가 외면하는 불가해한 허상이 아니라, 기형적인 분단 체제 안에서 살아온 남북한 사람들 모두를 비정상적인 삶에서 벗어나게 하는 유일한 길이다."(84쪽)

저자의 생각에 완전히 공감한다. 나도 통일을 열망한다. 분단으로 인한 비정상적인 삶에서 벗어나고 싶고, 그래서 좀 더 자유롭고 정의로운 사회를 만들고 싶기 때문이다. 그 출발은 현실을 인정하는 것이다. 엄연히 존재하는 북한을 하나의 나라로 인정하고 그 나라가 정상국가가 되도록 돕고, 그래서 남한과 북한이 정상적인 교류와 협력을 하도록 만들고, 미래 세대들이 자유로운 의사로 통일을 논의하게 하자고 주장하고 싶다. 통일방안에 대한 상식적인 주장을 떳떳이 하고, 많은 사람들이 통일에 기여하는 각자의 역할을 스스로 찾아가는 논의의 장을 펴고 싶다. 그와 나는 살아온 궤적이 다르지만 통일이라는 문제에 대해서는 생각이 일치한다. 이 대목을 읽으면서 저자를 만나고 싶고 이야기를 나누고 싶어졌다.

저자가 예를 들었다. 광복 70주년을 맞아 2015년 SBS에서 '남북청년 통일실험 – 어서 오시라요'에 탈북민 청년과 남한 청년이 함께 출연했다. 한 탈북민 청년이 입을 열었다. "저는 통일에 반대합니다. 지금의 방식으로는 북한이 자원과 값싼 노동력을 제공하게 됩니다. 그러면 북한 사람들은 통일의 피해자가 됩니다. 제가 북한에서 살고 있는 북한 주민의 입장이라면 '왜 우리 자원을 남한한테 싸게 줘야 해요?'라고 생각할 것 같습니다. 북한의 입장에서는 남한하고 통일을 안 해도 중국이 있습니다." 방송이 나간 후 탈북민 청년은 흥분한 네티즌들의 엄청난 악성 댓글과 비난에 시달렸다. 심지어 개인 신상까지 추적하는 이들을 피해 그 청년은 한동안 잠수를 타야 했다. (110쪽)

저자의 문제제기는 내가 평소 북한 문제를 다루면서 느낀 점과 같다. 남한에서 북한을 연구하고 북한의 토지문제나 국토계획을 연구하는 사람들은 북한주민의 입장을 고려하는 마음이 부족하다. 그런 연구에 탈북자를 포함시키자고 주장해 보았지만 아직까지 현실화되지 않았다. 북한주민의 땅을 개발하는 남한에서 계획을 세우는 것이 맞는지, 남한 주민이 세운 국토개발계획에 북한주민이 동의할지 의문이 든다. 이런 문제를 정면으로 제기한 탈북청년, 어쩌면 순진했을 수도 있지만 그는 지금까지 우리사회가 미처 생각하지 못한 측면을 지적함으로써 통일에 대한 논의의 지평을 넓혀주었다. 그동안 남한 사회가 우월하다는 전제 하에 남한 주민의 입장에서만 생각해 온 것은 하나의 한계다. 경험에서 우러나온 소리는 그 경험을 한 사람을 통해 들어야 한다. 탈북자의 말을 귀담아 들어야 할 이유다.

"일방적인 통일이 전개된다면 북한 주민들의 저항은 상상을 초월할 것이다. 북한은 일상생활과 근현대사 교육을 통해 꾸준히 저항의 정체성을 주조하고 내면화했다…세계에서 둘째가라면 서러운 자존감으로 똘똘 뭉친 북한 사람들이 지금의 한국사회에 만연한 탈북민에 대한 차별과 배제를 목격하고, 자신들을 향한 천민자본주의적 행태를 경험한다면, 가까스로 통일을 이뤄내더라도 그 통일은 오래가지 못할 것이다…. 어쩌면 한반도에 도래할 통일은 또 다른 갈등의 시작일 수 있다. 서로를 적대하고 증오해온 춥고 어두운 분단사와 불신의 악순환이 통일 이후 거칠게 드러날 개연성이 크다." (114~115쪽)

통일과정 뿐만 아니라 통일 이후의 사회에 대해서도 관심을 가져야 한다는 저자의 말에 공감한다. 독일에서 동서독이 통합하는데 오랜 시간이 걸렸다. 사람들끼리 어울리고 서로 이해하는 데는 제도의 통합뿐만 아니라 공동체적인 삶의 통합도 필요하다. 서로 말이 다르고 경험이 다른 사람들끼리 사이좋게 사는 방법을 찾기가 쉬울 리 없다. 남한사회에서 일상적으로 벌어지는 좌우의 대립과 갈등, 태극기 부대에 대한 찬성과 반대 여론을 보면서 남북의 통합이 얼마나 어려울까 걱정스럽다. 남북한 주민이 어울려 사는 사회를 만들기 위해서는 서로의 경험을 공유하면서 손을 맞잡아야 한다.

"북한에서 의사로 살다가 한국에 온 탈북민은 남한의 탈북민 정책에 실망하고 제3국행을 선택해 영국으로 떠났다. 이제는 자신을 '조선 사람'으로 소개하는 그는, 한국이 북한의 미래가 되어서는 안 된다고 2015년 어느 인터뷰에서 주장했다. 그는 과연 한국에서 무엇을 보고 경험했던 것일까" (144쪽)

3만 명의 탈북자 중 15% 정도가 탈남했다. 다시 북으로 간 사람도 있고 대부분은 제3국에 가서 난민신청을 했다. 남한이 그들을 조국으로 포용하지 못했던 것이다. 조국이 있는 사람이 자초해서 난민이 된다는 것은 그 조국이 그들을 박해했다는 말일지도 모른다. 영국에 탈북민들이 모여 사는 지역이 있다. 그곳을 연구한 보고서에서, 남한에

서 탈북민은 2등 시민이고, 자신은 2등 시민을 견딜 수 있지만 자녀들
이 그런 생활을 하는 것은 볼 수 없어 탈남했다는 말을 들었다. 영국에
선 모두 난민이지 탈북자라 더 차별받지는 않는다고 고백하는 것을 본
것은 충격이었다. 탈북자가 3만 명일 때 미리 대비해야 할 문제다. 그
들이 30만 명, 300만 명이 되면 어떻게 되려나? 다가올 미래가 두려워
질 때도 있다.

축구선수 정대세 이야기다. "조선(북한)은 나를 키워준 나라다. 일본
은 내가 태어난 나라다. 한국은 내 국적이자 고향의 나라다." 라고 말하
는 그의 인터뷰를 보면서 결국 한반도의 분단사에서 민족사와 개인사는
떼어내려야 떼어낼 수 없는 불가분의 관계임을 알 수 있었다." (149쪽)

재일동포의 이야기는 좀 복잡하다. 일본에게 나라를 빼앗긴 후 많은
조선인들이 일본으로 건너가 살았다. 일제 강점기에는 일본 국적이었
다가 해방과 함께 조선적이 부여되었다. 1948년 남과 북으로 갈라지고
1965년 한일기본조약이 체결되었으나 일본은 아직까지도 북한을 정식
국가로 인정하지 않는다. 재일동포는 조선적, 일본적, 한국적 중의 하
나를 선택하여야 하는데, 조선적을 유지한 사람들은 어느 나라에도 속
하지 않는 무국적자로 살고 있다. 나라가 망하고 해방되었지만 그 나라
가 둘로 쪼개지자 사람들은 국적 선택이란 문제에 봉착했다. 그들이 처
한 국적선택문제를 지금 나의 입장에서 쉽게 생각할 수 없다. 개별 사
람들의 당시 상황을 고려하여야 하는 문제다. 정대세를 보면 그 문제는
과거의 문제가 아니라 현재의 문제다. 정대세의 본적은 경북 의성이다.
그는 조부를 따라 한국적을 받았으나 집 근처에 민단이 운영하는 학교
가 없어 조총련 학교를 다녔다. 일본에서 나고 자라 축구선수가 된 그
에게 무슨 문제가 있는가? 역사를 정리하지 못한 국가와 사회의 잘못
을 축구선수가 뒤집어쓰고 있다는 생각이 들었다.

주승현의 글을 읽으면서 나를 돌아보았다. 남을 통해 나를 더 자세히

알게 되었고, 다른 사회와 비교해서 우리 사회를 더 깊이 이해하였다. 내가 하는 일로 인해 나와 이 사회가 좀 더 나아질 수 있으면 좋겠다. 그런 일이라면 열심히 해볼 가치가 있다고 믿는다.

(2018. 8.)

난 다른 여자들하고는 달라

북한 연구를 하면서 탈북주민들에 대한 심층인터뷰를 볼 때가 있다. 녹취록에서 생생한 삶의 흔적을 느끼기도 하고 연구자들의 분석과 정리를 통해 북한 주민의 삶이 변화하는 정도와 방향을 알게 된다.

통일연구원이 발간한 자료에서 북한 여성에 대한 흥미로운 사례를 발견했다. 『북한 여성의 일상생활과 젠더정치』는 북한 여성의 생애사를 다루고 있는데, '평양 대학생과 상층계급의 전업주부들', '의대 지망생과 교육 혁명가를 꿈꾸던 전문직 여성', '공식 직장에 다니는 노동여성들', '가족과 사회를 먹여 살리는 부양가족 여성들', '새 세대 여성들' 등 여러 사람의 이야기다. 그중에서 새 세대 여성들 이야기가 내 눈길을 끌었다.

1990년대 중반 평안남도 도시에서 노동자 가정의 맏딸로 태어난 그는 부모님이 일찍 장사를 시작한 덕분에 당시 동네에 한두 대 밖에 없던 자전거를 보유한 풍족한 삶을 살았다. 아버지는 직장에 이름만 걸어놓고 장사를 했는데 간부들에게 뇌물을 주었고, 간혹 뇌물을 받지 않은 간부가 신고를 해서 장사밑천을 빼앗기는 일도 있었다. 그는 대학에 갈까 생각도 했는데, 여자가 대학을 나와도 간부되기가 쉽지 않고 출세하기도 어려울 것 같아 차라리 장사를 해서 돈을 버는 것이 좋겠다고 결정하고 어릴 때부터 장사를 했다. 나중에 대학졸업장이 필요하면 대학에 있는 높은 교수들한테 돈 찔러주고 대학졸업증 하나 사면된다고 생각했다. 장사를 하면서 아버지가 쌓아둔 인맥을 활용했지만 아버지처럼 모든 간부들에게 뇌물을 주지는 않고 잔 간부는 제치고 큰 간부에게 붙었다. 장사초기에는 외상대금이 수금되지 않아 어려움도 겪었는데, 도끼를 들고 직접 거래자를 찾아가서 "나 도끼 들고 이 집안 재산 다 까고 너 죽고 나도 죽을래."라고 위협하여 돈을 받아내기도 했다. 이 일로 그가 "어려도 만만치 않다."는 소문이 나면서 장사가 잘 되었다. 그는 그릇, 비닐방막, 옷, 파철, 철근 등 취급품목을 하나씩 불려가다가 마지막에는 돈 장사까지 하면서 큰돈을 벌었다. 돈을 벌게 되자 자신을 보호하기 위해 20대 남자 두 명을 경호원으로 고용했고, 그들에게 친척을 소개하여 결혼도 시켰다. 경호원들이 가족으로 편입되면서 비밀도 보장되고 경호원들 가족도 먹고 살게 되었다.

그는 결혼하면 남편에게 구속될까봐 두렵기도 하고 가사노동도 하기 싫어서 처음에는 결혼을 생각도 하지 않았다. 그러다가 남자를 사귀게 되면서 결혼을 염두에 두었는데, 남자친구에게 자신의 생각을 당당하게 이야기했다. 자신은 요리를 할 줄 모르고 집안일 할 시간도 없으니 결혼하면 남편이 밥을 해주든지 집안일 하는 사람을 따로 두어야 한다고 했다. 이런 며느리를 달가워하지 않을 시부모도 미리 잘 길들여야겠다고 생각하면서, 당분간 결혼등록도 하지 않고 살림도 따로 나와서 살 계획이라 시부모 눈치는 보지 않겠다고 마음먹었다. 그는 남자친구에게 "난 결혼하더라도 내 마음대로 할 거야, 난 다른 여자들하고는 달라."라고 못 박아 두었다. 그는 결혼하면 남자친구를 뒷바라지해서 대학을 졸업시켜 간부를 만들어야겠다는 생각을 했다. 그러던 중 사업차 돈 받으러 중국에 왔다가 우연한 기회에 남한에 오게 되었고, 지금은 공부하면서 아르바이트로 용돈을 벌고 있는데, 정 안되면 장사를 해볼 생각도 있다.

북한에서 나고 자란 20대 여성의 삶은 내 주변 사람들과는 많이 달랐지만 이해할 수는 있었다. 이젠 남한에서 함께 살게 된 그를 어떻게 대할지는 나의 몫이다. 얼마 전 북한학 박사들의 연구모임에서 북한여성의 삶을 소재로 한 발표를 듣고 토론을 한 일이 있었다. 발표자인 김현아 박사는 북한에서 자라다가 2007년에 입국하였고 지금은 공무원이다. 그의 학위논문 제목은 "이동하는 여성의 모성실천 연구"인데, '고난의 행군' 시기 북한 내 배급제도가 무너지고 시장화 현상이 본격화되는 현실에서 가정 내 경제를 책임지게 된 여성의 삶을 분석하였다. 그 무렵부터 북한여성은 경계를 넘는 생활을 하게 되는데, 그 경계는 국내뿐만 아니라 국외도 포함된다. 두만강 부근에 사는 주민들은 모내기철에 "강 건너 중국 마을로 넘어가 모를 꽂아주고 하루 일당 2원 받아 돌아오는" 생활을 하면서 지금껏 알지 못했던 다른 사회를 알게 된다. 이동의 폭이 확대된 북한여성은 집을 떠나는 경우가 잦았지만 그래도 자녀를 포기하지 않았다. "내 새끼니까, 내가 뱉어 놓은 것, 내가 싼 거는 내가 거두어야 한다."고 말한다. 북한 주민인 엄마가 남한으로 이동한 경우에도 여성이 가족의 경제중심 역할을 하는 것은 여전하다. 엄마들은 돈을 들여 자식을 남한으로 데려 오던가, 그것이 아니면 남한에서 번 돈을 북한에 보내면서 자식을 키운다. 북한에 두고 온 자녀와 수시로 전화하면서 자녀의 진로를 협의하고, 자주 통화하지 못하기 때문에 한번 통화할 때는 몰아서 잔소리를 하는데 때로 자녀가 말을 듣지 않으면 "엄마 말 안 들으면 돈 안 보낸다."고 협박도 한다.

그날 발표를 듣고 토론을 하면서, 북한여성의 생활력이 강하다는 것과 함께 그들은 누가 보호해 주어야 하는가를 생각해 보았다. 탈북 주민에 대해 공부할수록, 북한여성의 생생한 목소리를 들을수록 그들의 고통이 절절해 마음이 편치 않다. 여러 연구를 종합해 보면, 북한여성의 삶은 급변하고 있다. 국가의 배급을 받아 가족을 보살피던 전통적인 어머니 역할에서 장마당에서 돈을 벌어 가족의 생계를 책임지는 부양자로 변하는 중이고, 여성이 있는 자리가 어디든, 설령 집을 떠나 있더라도, 그 역할은 계속된다. 이런 변화가 일어난 것은 세상이 변하기 때문이다. 새로운 시대에는 그 시대에 맞는 새로운 삶의 방식이 생긴다. 세상이 변하는데 삶의 방식이 기존 대로 유지될 수는 없다. 북한은 1990년대 '고난의 행군'이라는 자연재해에서 비롯된 어려움을 겪으면서 기존의 배급 체제가 붕괴되는 큰 변화를 겪었다. 그런 변화 속에서 나고 자란 신세대 여성이 기존의 여성 역할을 그대로 따를 리가 없다. 지금은 20대인 북한 신세대 여성들이 장차 만들어 나갈 미래는 어떤 모습일까? 그들의 미래를 짐작하기는 어렵지만 그들의 삶이 남과 북 어디서 계속되던 예전에 없던 새로운 형태가 되기를 바라고, 그래서 그들이 지금보다 더 행복해지기를 고대한다.

(2020. 3.)

지도없이 길 찾기

"

북한에 가기 어려운 현실에서 북한을 연구하려면 무엇을 해야 할까?
북한연구자들과 만나는 것이 현실적인 방안이다. 학술회의, 정부위원
회 등에 참석하면서 연구자들을 여럿 만났다. 각자의 관심 분야가 다
르지만 북한이라는 공통점이 있기 때문에 쉽게 친해졌고 솔직하게 대
화했다. 그런 자리에서 사람들을 만나면서 겪은 이야기들을 모았다.

"

통일한국으로 가는 먼 길

2022년 가을 서울시청 부근 회의공간 상연재. 30여 명의 참석자들이 자리를 가득 채우고 있었다. 북토크 행사 15분 전쯤 도착한 나는 주최 측과 인사를 나누고 진행에 대해 물었다. 90분 정도 진행할 예정이고, 사회자 외에도 토론자가 3분이라 한다. 내가 쓴 책 『북한을 보는 새로운 시선: 분단 77년 편견 깨기』를 미리 배포했기 때문에 참석자들도 읽었을 것이라 했다. 행사가 시작되고, 주최자인 민화협 여성위원회 위원장님 인사에 이어, 사회자가 참석자를 소개했다.

나는 자기 소개, 책 소개에 이어 통일에 대한 나의 꿈이라는 순서로 내 생각을 말했다. 먼저 '자기 소개'에서는 정전협정 체결 10년 후에 태어나서 평범한 법률가로, 북한과는 별 관계없이 자랐다는 성장배경을 말하고, 반공교육을 받았으며 기성세대의 의견을 잘 따르는 모범생 성향이라 했다. 그런 내가 북한법에 관심을 가진 것은 1994년 김일성 사망사건이었다. 당시 지방법원 판사였던 나는 조만간 통일이 되면 북한지역 법원에 근무하겠다는 꿈을 꾸면서 북한에 대해 관심을 가지기 시작했다. 2000년에는 북한대학원에 진학하여 북한에 대해 체계적으로 공부하기 시작하면서 여러 분야에서 온 다양한 북한연구자를 만나 공부하는 것이 재미있었다. 그 무렵부터 정부 내의 북한법 자문위원회에 두루 참여하였고, 박사학위를 받은 이후에는 북한법을 강의하면서 지금까지 북한법 연구를 계속하고 있다고 소개했다. 개인적인 이야기를 하자 사람들의 관심이 커지는 느낌을 받았다. 처음부터 책 내용이 어떻고 북한이 저떻고 했더라면 집중도가 떨어졌을 것이다. 이날 발표 도중 참석자들의 눈을 지켜보면서 그들이 내 말을 귀담아 듣고 있음을 느꼈고, 그런 반응이 발언하는데 큰 힘이 되었다.

'책 소개' 순서에서는, 내가 책을 내게 된 이유를 먼저 말했다. 강의를 하고 위원회 활동을 하면서 후배들과 대화할 기회가 자주 있었는데, 청년 세대가 기존의 논리를 답습하는 것은 잘못이라는 문제의식을 가지게 되었다. 냉전체제 시기 만들어진 기존의 논리가 지금도 타당한지, 그리고 미래에도 기존 논리를 따라야 할 것인지를 연구하면서 나부터 생각이 바뀌기 시작했다. 북한과 북한주민을 보는 남한의 학설과 판례는 정교한 법이론이 아니라 법률을 글자 그대로 해석하거나 정치적 선언을 판례로 받아들인 것이라는 것도 알게 되었다. 남북관계가 개선되려면 기존의 틀에서 벗어나 현실을 인정해야 한다. 통일한국이라는 미래의 관점에서 현실을 볼 필요가 있다. 또한 청년 세대가 수용할 수 있는 미래의 모습을 그려보고, 그런 미래로 가기 위한 과정에 대한 준비도 필요하다. 기후변화, 인공지능, 4차 산업혁명의 시대를 살고 있는 청년들에게 냉전시기에 형성된 남북대립의 틀은 호소력을 가지기 어렵다. 나는 연구를 계속하면서 장래의 남북한은 평화를 구축하고, 교류협력을 통해 상생의 길을 찾아야 한다고 생각했다. 그 시작은 북한의 실체에 대한 현실 인정과 교류협력의 확대일 것이다.

이어서 책의 소제목인, 북한은 대한민국의 일부분인가, 별개의 국가인가? 북한주민의 국적은 어디인가? 남북이 합의한 250건의 합의를 지키려면 어떻게 해야 하는가? 남북한은 특수관계(나라와 나라 사이가 아닌)인가 정상관계(나라와 나라 사이)인가?라는 문제를 제기하였고 이런 문제에 대한 정답을 찾기보다는 질문을 던지는 입장에서, 그리고 이런 문제가 그저 공리공론 차원의 관념상 문제가 아니라 현실에서 문제를 일으키고 있다는 점을 지적했다. 그러면서 최근 판결 2건을 소개했다. 국군포로였다가 귀환한 분이 북한과 김정은을 상대로 제기한 민사소송에서 승소한 판결과 그 판결문에서 정해진 금액을 지급받기 위해 북한과 저작권계약을 체결한 남한 단체 경문협을 상대방으로 한 추심금 소송에서 패소한 판결의 결론이 서로 달랐다. 추심금 판결에서는 북한은 국가가 아니고, 비법인사단도 아니기 때문에 북한을 상대로 소송을 제기할 수 없다고 판결했다. 이런 혼란이 발생하는 것은 북한을 보는 시각 때문인데 내 생각에는 북한을 국가로 인정하고 판례도 그런 방향으로 변화해야 한다고 말했다. 엄연히 존재하는 북한을 통일의 상대방으로 존중하고 문제를 풀어나가자고 했다.

마지막으로 '나의 꿈'은 남북한 주민이 상대지역에 장기체류하는 미래를 예상하고, 그때 발생할 수 있는 법률문제를 연구하는 것이라고 했다. 그러면서 남한의 통일방안인 민족공동체 통일방안 1단계 교류협력을 완성하기 위해서라도 2030년까지 상대지역에 1천명 이상 체류시키는 노력을 하자고 제안했다. 나아가 분단 100년인 2045년을 통일한국의 원년으로 삼는 국가목표를 세우자고 주장했다. 문익환 목사가 분단 50년이 되는 1995년을 통일원년으로 하자는 말씀에서 감명 받았다는 말과 함께 이호철 소설가의 '한 살림 통일론'도 소개하면서 수십 년간 고향에 가보지도 못하고 죽어야 하는 이런 기형적인 현실을 바꾸어야 한다는 말로 발표를 마무리했다.

토론자들은 다양한 질문을 했다. 대체로 나의 의견에 동의했다. 탈북자 출신의 토론자는 책의 내용을 인용하면서 구체적인 질문을 했다. 대북지원을 하는 민간단체 실무자는 남북교류기간이 30년이라지만 실제로 한 것은 15년 정도인데 그 기간이 판례를 바꾸어야 할 만큼 긴 기간인지, 현재의 법을 바꾸는 것이 왜 중요한지 물었다. 청중석의 영국거주자는 영국에는 북한대사관도 있어 영국인은 코리언이라고 하면 남측인지 북측인지 묻는 것이 당연한 문화이고, 유럽에선 이념이나 민족이란 관점을 벗어났는데 왜 한국에선 아직도 그런 논의를 하는지, 이제는 그런 논의조차도 정체된 느낌이 드는 이유는 무엇인지 물었다. 사회자는 이 바닥에서 30년간 공부한 경험상 이런 민감한 주제는 현장에서 무슨 일이 일어날지 알 수 없어 긴장하고 왔는데 다행히 아무런 문제가 없다고 안도했다. 나는 질문에 대해 간략히 답변했다.

사실 우리 사회에서 통일에 대한 관심과 열정은 급격히 줄어들고 있다. 특히 청년세대의 관심은 바닥이다. 그들에겐 하루의 생존이 그리고 직장과 결혼이 중요하지 실현 가능성도 낮아 보이는 통일은 관심대상이 아니다. 그렇지만 남북분단으로 인한 긴장은 남북이 국경을 맞대고 사는 한 피할 수 없는 운명 같은 것이고, 우리가 풀어야 할 숙제다. 이제 우리는 어떻게 해야 할까? 대한민국이 미래로 나아가기 위해서 거쳐야 할 관문이 북한이고, 그 관문을 어떻게 통과하느냐에 따라 우리의 미래가 변할 것이다. 골치 아픈 숙제는 당장에는 하기 싫은 것이지만 미룬다고 해결되는 것도 아니다. 그 골치 아픈 것이 나의 숙제라는 것을 받아들이고 하나씩 해결해 나가야 한다. 통일문제의 시작은 끝없이 이어지는 대화다. 나는 그렇게 생각한다. 남북한 사이에, 그리고 남한 내에서, 세대간에, 생각이 다른 사람들끼리 대화해야 한다. 기후변화문제처럼 답이 없어 보이는 것일수록 더욱 더 대화해야 한다. 통일문제, 많은 사람이 참여하여 토론하다 보면 우리가 꿈꾸는 통일한국의 모습이 그려질 것이다. 집단지성이 작동할 것이라 믿는다.

(2022. 11.)

지도 없이 길 찾기

독일인이 주제발표를 하는 국제 세미나에 토론자로 참석했다. 동독 튀링엔 주(州)의 전직 법무장관 마리온 에리카 발스만(Marion Erika Walsmann)이 '통일 이후 법조인 통합 문제'에 대해 발표를 했고, 한국의 판사, 검사, 변호사 1명씩 토론했다. 당초 예정은 4시에 세미나를 시작하여 6시에 마치고, 장내 정리를 한 후 바로 식사를 할 예정이었으나, 7시가 다 되어서야 겨우 세미나를 마쳤다. 그만큼 발표와 토론이 뜨거웠다.

세미나를 마친 후 발표자인 발스만씨가 나에게 선물을 주었다. 자기가 사는 튀링엔 주가 요한 세바스찬 바하(Johann Sebastian Bach)의 고향이라는 소개를 하면서 바하의 칸타타(Kantaten) CD를 한 장 주었다. 통역자를 통해, "나는 선물을 준비하지 못했는데 그냥 받기만 해서 어떡하느냐?"고 했더니, 괜찮다면서 받으라고 했다. 여성이고, 법무장관으로 행정 일을 한 분이라 통상의 법률세미나에서 만나는 분들과는 달랐다. 토론자를 배려하는 세심함에다 자기 고향 음악가를 소개하는 센스가 돋보였다.

이날 발표는 동독 판·검사 재임용 사례에 비추어, 장래 발생할 통일 한국의 법조인 통합을 위한 시사점을 찾는 내용이었다. 발표자는 먼저 통일 당시의 상황을 회고했다. 그는 당시 동독 인민의회의 의원이었다. "당시엔 많은 일이 엄청난 속도로 발생했다. 통일에 대한 회의론자들도 많았는데, 이들을 설득하는 것이 중요했다. 불평등을 평등하게 만들기 위해 함께 가자고 했고, 부동산 소유권 문제는 시시포스(Sisyphus)의 일처럼 어려웠다. 당시 독일인들은 평화롭게 같이 살자는 목표 하에 움직였다. 통일이 되던 그해인 1990년 초반까지도 소련의 군사개입 가능성이 있었다. 지금 돌이켜 보면 역사에 대해 감사할 뿐이다. 피를 흘리지 않은 무혈혁명을 이루었기 때문이다. 통일 전, 동독은 이미 몰락하고 있었다. 의약품 등 기초적인 생필품조차 부족했다."

그가 설명하는 통일 당시의 동독 상황은 어느 정도 짐작하고 있었지만, 설명이 구체적이어서 그런지 처음 듣는 것처럼 새로웠다. 어떤 일이든, 그 일을 겪은 사람을 만나서 당시의 상황을 직접 들어 보면 확실히 다르다. 경험자의 이야기는, 책으로 보거나 TV 혹은 다큐멘터리로 보는 것과도 달랐다. 특히 인상적인 것은 원탁회의였다. 튀링엔 주는 원탁회의를 구성하고, 각 정당, 사회단체 등 다양한 이익단체의 대표들을 그 회의에 참석시켰다. 원탁회의는 모든 문제를 매일 논의했다. 통일과정에서 논의할 일은 무척 많았다. 인력청산, 인력충원, 시간 계획, 예산 확보.... 그 많은 일들이 원탁회의 논의를 거쳐 상당부분 해결되었다. 만일 원탁회의 같은 비상 합의체가 없었더라면, 그 많은 일이 통상적인 행정절차를 거쳤더라면, 통일의 속도를 감당하지 못했을 것이라 했다. 통일과정에서 발생하는 문제를 해결하기 위해 법을 제정하는 것이 원칙이지만 그렇게 해서는 변화하는 현실의 속도를 따라갈 수 없었다. 그 당시는 법 제정 속도보다 통일의 현실이 훨씬 더 빨랐기 때문이다. 그래서 어떤 것은 법적 근거 없이도 진행했다. 그런데 지나고 보니 다행이었다. 그때를 놓쳤더라면 해결이 어려운 문제가 많았기 때문이다. 원탁회의에서 논의한 내용에 큰 잘못은 없었다. 원탁회의의 논의과정이 진지했고, 이해관계자들이 모두 참여했기 때문이다.

발스만씨는 독일은 지도도 없이 많은 일을 했다고 회고했다. 법조 통일 문제도 그중 하나였다. 통일된 독일에는 경험이 풍부한 법조인이 필요했다. 그런데 동독 판사나 검사를 통일된 독일의 판사나 검사로 유지할 것인지는 논란이 있었다. 동독 법조인의 인적 쇄신 범위를 어느 정도로 할지, 그들을 모두 교체할 것인가를 두고 토론했다. 전원 교체의 경우에는 사법서비스가 중단되는 문제가 우려되었고, 서독 법조인에

의한 동독주민을 대상으로 하는 재판은 '승전국 사법부'라는 인상을 줄 우려가 있다는 등 여러 문제가 예상되었다. 결국, 동독 판·검사는 개별심사를 거쳐 재임용하는 방법을 선택했고, 약 절반 정도의 법조인이 재임명되었다. 심사과정에선 주민의 의견도 반영했다. 발스만씨는 선별채용의 방식이 적절했다고 평가했다.

발스만씨는 통일과정에서 법률가의 역할이 중요했다고 말했다. 정부기관에게는 법의 가능성과 한계에 대한 자문이 필요했고, 동독 주민을 상대로는 민주주의와 법치주의가 왜 중요한지 설명해야 했기 때문이다. 힘들고 시간이 오래 걸리더라도 처음부터 옳은 방향을 추구해야 했기 때문에 법치주의 원칙과 적법절차가 중요했다는 설명이다. 통일 당시 동독에선 서독 헌법의 기본원칙이 받아들여지지 않고 있었기 때문에 법치주의 등 기본원칙을 동독지역에 확산시키는데도 법률가의 역할이 필요했다. 통일 초기, 서독 정부는 동독지역에 필요한 인력을 충원하기 위해 서독 법률가들에게 3개월만 동독에서 근무하면 될 것으로 예상하고 충원했으나 실제 파견기간은 예상보다 길었다.

독일은 지도 없이 통일의 길을 걸었다. 독일인들에겐 힘겨운 경험이었지만 그들 덕분에 우리에게 독일의 경험이란 지도가 생겼다. 앞서간 지도를 보면, 가야 할 길이 멀고도 험하다. 그래도 그 길이 우리가 가야 할 곳으로 뻗어있으니 서둘러 가야 한다. 그날 나는 지도를 살짝 보여준 발스만씨에게 감사 인사를 전했다.

동독 인구는 서독의 26%에 불과했지만, 북한 인구는 남한의 50%나 된다. 남한이 통일 과정에서 치러야 할 진통과 비용은 서독 수준을 크게 능가할 것이다. 지금부터 체계적이고 구체적인 통일준비를 해야 한다. 지금 우리가 추구할 방향은 흡수통일이 아니다. 오히려 북한을 상대로 힘겨운 협상을 하고, 그 결과에 대한 국제적인 지지를 확보해야 한다. 이제부터 우리가 가야 할 길에 대한 지도를 만들어야 한다. 그

지도는 북한과 함께 만들어야 한다. 백지장도 맞들면 낫다지 않던가!

나는 소망한다. 언젠가 독일에 가서, 독일인들을 상대로 고맙다는 말을 하고 싶다.

"당신들이 알려준 지도가 큰 도움이 되었다. 남북으로 나뉘어졌던 한국이 통일을 이루었고, 통일로 인한 후유증도 별로 없이 잘 살게 된 것은 독일의 경험 덕분이다. 몇 년 전 발스만씨가 알려준 것처럼, 통일과정이 어렵고 힘들 줄 알고 한국인들은 미리 준비했다. 사사건건 대립하던 정치인들도 통일문제는 합심했고, 자기 이익만 챙기던 단체들도 통일된 나라가 우선이라면서 양보했다. 특히 남한 주민들은 경제적으로 어려운 북한 주민의 복지를 위해 자기희생을 감수했다. 그 사실이 알려지면서 북한 주민의 통일 정부에 대한 요구도 줄었다. 이 모든 과정은 통일을 먼저 겪은 독일이 알려준 지도 덕분이었다. 이제 좀 늦었지만 감사인사를 전하러 왔다. 통일한국민의 이름으로, 그리고 인류의 이름으로 감사의 인사를 전한다."

인사를 전하러 갈 날이 너무 늦지 않았으면 좋겠다. 인사를 마친 후 참석자들에게 판소리 CD를 선물로 전해 주련다. 귀국길은 기차를 타고 싶다. 베를린에서 모스크바까지, 그리고 모스크바서 서울까지는 시베리아 횡단열차를 타고 달리고 싶다.

(2016. 1.)

삼지연관현악단 특별공연

2018년 2월 11일 일요일 저녁 7시 국립극장에서 북한예술단이 공연했다. 나는 두 시간 전, 지하철 동국대입구역에 도착했다. 출구를 나서자 스피커 소리가 요란했다. 지하철 출구 쪽에는 북한예술단을 환영하는 사람들로 북적거렸고, 도로 맞은편에는 반대하는 사람들이 시위하고 있었다. 꽃다발을 흔들며 행사를 환영하는 사람들 사이를 지나 셔틀버스에 올라 버스 창문으로 북한대표단 방문을 반대하는 시위대를 내다보았다. 시위대와 그들을 둘러싼 경찰이 도로에 가득하고, 스피커를 통해 울리는 연설자의 목이 쉰 외침은 거침이 없다. 현수막에는 '위장평화공세에 속지말자'고 적혀있었다. 국립극장 맞은편의 민주평통 사무실에서 비표를 받고, 국립극장 1층으로 이동하여 그곳에서 좌석표를 받았다. 대통령과 북한특사가 참석하는 자리여서 공연장은 경호가 삼엄했다.

공연시작 한 시간 전, 벌써 로비가 가득했다. 검색대 쪽엔 도종환 문화부장관, 국회의원들, 언론보도에서 얼굴을 본 적 있는 사람들이 여럿 있었다. 그들은 시민들과 인사하고 사진도 찍으면서 이리저리 다녔다. 나는 한 구석에 가만히 서 있었다. 얼굴을 아는 사람들이 더러 지나갔지만 애써 찾아다니지는 않았다. 가벼운 인사는 서로 눈이 맞을 때 하면 그뿐이다. 법무부 초대로 참석한 지인 두 분과 이야기를 나누는 사이에 입장이 시작되었다. 이날 참석자는 추첨을 통해 당첨된 시민 1,000여 명과 정부 초청으로 온 500여 명이었다.

공연장 무대는 관현악단 단원용 좌석과 악기로 가득하고, 뒤편에 걸린 현수막의 '삼지연 관현악단'이라는 글씨체가 낯설었다. 남북의 차이는 서체에도 영향을 미치고 있었다. 시간이 되자 연주자들이 먼저 나오고, 이어 백발의 지휘자가 입장하고, 관중들이 박수치고 그리고 연주가 시작되었다. 노래 제목은 무대 뒤 스크린 위쪽에 나왔다. 북한가요 '반갑습니다'로 시작했다. "동포여러분 형제여러분 이렇게 만나니 반갑습니다." 해외의 북한 식당이나 북한 방문시 여러 번 들었던 노래, 오랜만에 듣는다. 북한 가수의 가성을 사용하는 주체발성법도 여전하다.

관현악 반주에 맞추어 여자 가수들이 북한 노래를 몇 곡 부르고, 남한 대중가요도 불렀다. 그리곤 '친숙한 음률'이라는 제목 하에 관현악곡 20여 곡을 메들리로 연주했다. 단원들은 악보를 보지 않고 연주한다. 모차르트의 소야곡에서 카르멘, 윌리엄텔 서곡을 거쳐 오페라의 유령, 백조의 호수가 나오더니 미국 노래 '흑인 령감 조(Old Black Joe)'까지 도대체 무슨 기준으로 선곡을 했는지 알 수 없는 음악이 쭉 이어졌다. 다소 지루하다 싶을 때 연주가 끝나고 지휘자는 젊은 사람으로 교체되었다. 이어서 30년도 더 지난 남한 노래를 불렀다. 이선희의 'J에게', 이은하의 '최진사댁 셋째 딸', 송대관의 '쩅하고 해뜰 날', 혜은이의 '당신은 모르실거야', 최진희의 '사랑의 미로' 등이었다. 20대인 내 아이들은 잘 모를 노래지만 북한 가수들은 흥겹게 불렀다.

객석의 분위기는 차분했다. 때에 맞춰 박수 치고 가끔 손도 흔들지만 딱 거기까지였다. 눈물을 흘리거나 감격하는 모습은 보지 못했다. 내가 앉은 1층 가운데 자리, 그 부근에서는 자리에서 일어나거나 열광하는 사람도 없었다. 무대 위 북한 가수들은 손을 흔들고 스스로 감격해하며 남한 노래를 열심히 불렀지만 객석에선 박수를 칠뿐이었다.

공연을 마칠 때 쯤 현송월 단장이 나왔다. 현송월은 "이번에 두 번이나 분단의 선을 넘어 여기 남쪽으로 왔습니다. 그 과정에서 너무도 지척인 평양과 서울의 거리와 달리 서로 너무도 먼 것처럼 느껴지는 현실이 안타까웠습니다."라고 인사한 후, 오늘 이 좋은 분위기를 살리기 위해 한 곡 부르겠다면서 북한 노래 '백두와 한나는 내 조국'을 불러 분위기를 띄웠다.

마지막 곡으로 '우리의 소원은 통일'과 '다시 만납시다'를 부를 땐, 소녀시대의 서현이 나왔다. 서현은 북한 가수와 손을 잡고 같이 노래를 불렀다. 노래가 끝나자 축포가 터졌고, 관객들은 한참 박수치고, 이어서 더러 일어서는 가운데 여기저기서 앙코르를 외쳤다. 무대 위와 객석은 서로 마주보며 손을 흔들었으나, 앙코르는 없었다.

밖에 나오자 눈발이 날렸다. 바람 없는 길을 걸으면서 여러 사람을 만났다. 우연히 만난 북한문화를 전공하는 교수에게 물었다.

"왜 30년 전 노래를 불렀을까요?"

"북한 음악은 남한의 서태지 이전까지입니다."

그의 말대로 그들의 속도는 딱 그 정도였다. 30년도 더 된 노래, 내 젊은 시절의 노래를 들으면서 답답했다. 남북의 문화차이가 이렇게 벌어지는가? 상대방을 그렇게도 모르는가? 30년 전 노래를 부르면 남한 청중이 좋아할 것이라 생각했단 말인가? 이래서야 같이 살 수 있겠는가? 북한예술단은 도대체 무슨 생각을 한 것일까?

그냥 가기 아쉬운 사람들이 한 무리씩 어디론가 향했다. 정세현 전 통일부장관, 북한대학원 교수와 박사 두어 명과 함께 장충동 식당에 자리를 잡고 족발과 파전으로 늦은 저녁을 대신했다. 공연 이야기나 트럼프의 북한 선제공격가능성에 대한 말은 별로 없었다. 내가 물어서야 잠깐 대답을 들었을 뿐이다. 각자의 대북접촉 경험과 향후의 남북정세를 이야기하다가 곁길로 새어 대화 중에 언급된 특정인의 근황을 말하기도 했다. 잔이 비면 술을 따르고 마셨다.

내가 대규모 북한 공연을 다시 본 것은 10년만이었다. 2008년 평양에서 공연을 보았을 땐 서커스를 보는 줄 알았다. 줄 넘고 공 굴리는 어린 아이들의 기예가 뛰어났지만 나이에 맞지 않는 기예수준에 마음이 편치 않았다. 이번 공연에 참석한 예술단원들은 20대쯤이었다. 그 세대는 북한경제가 어려울 때 나고 자랐다. 사회주의 지상낙원을 한 번도 느껴보지 못한 세대다. 그런 세대가 부르는 '내 나라 제일 좋아'는 어색하다. 2000년 6. 15. 선언, 2007년 10. 4. 선언을 할 때는 통일 노래를 같이 부르면서 울기도 했다. 이번에는 울지 않았다. 서로 간의 격차가 이리 벌어지다가는 노래 속 통일마저도 사라질 것 같아 두렵다.

북한 예술단 130여 명은 다음날 파주 도라산 남북출입사무소를 지나 경의선 육로로 귀환했다.

(2018. 2.)

얼마나 더 기다려야 하나

연말에는 행사가 많다. 정부의 각 부처들은 각자의 계획에 따라 분기별, 반기별 더러는 연간별로 회의를 한다. 2021년에는 코로나로 인한 상황변화를 지켜보다가 12월 중순쯤에 회의를 하는 곳이 많았다. 발표자 중심의 소규모 행사로 축소하고 식사도 하지 않는 조심스런 행사에 몇 번 참여했다.

그런 회의 중에 법무부, 통일부, 법제처 3개 부처가 공동으로 개최하는 북한법 학술회의가 있었다. 나는 통일부 측 발표자로서 "한반도 정세변화에 따른 법제 정비방안"이라는 제목으로, 지난 50년간 남북이 합의한 260여 건의 합의를 이행할 법제도를 구축해 나가자고 제안하였다. 이어서 법무부 측 발표자가 "남북가족특례법1)상의 문제"에 대하여 발표하였다. 이 법은 북한주민도 남한 내 재산에 대하여 상속권이 인정된다는 점을 명확히 하고, 북한주민이 자신의 권리를 직접 주장하기는 어려운 현실을 고려하여 재산관리인을 선임하여 상속재산을 관리하는 제도를 도입하였다. 특례법이 제정된 이후 10년이 지난 현 시점에서 법 적용이 적절한지를 점검하고 제도를 보완하기 위한 방안에 대해 발표하였다. 이 법률이 제정되었다는 것은 알고 있었지만 실제 운영이 어떤지 알지 못하던 터라 집중하여 발표를 들었다. 특례법까지 만들었으니 북한주민의 권리보호에도 상당한 진전이 있었겠지 기대하는 마음도 있었다.

특례법상의 재산관리제도는 남한 내 재산을 상속받은 북한주민의 재산관리 뿐만 아니라 그 재산이 북한의 군사비로 전용되는 것을 방지하는 목적도 있다. 현재의 남북대치상황 하에서는 북한주민의 남한 내 상

---

1) 정식명칭은 "남북 주민 사이의 가족관계와 상속 등에 관한 특례법"이고 2012년 제정되었다.

속재산 반출을 일정한 범위 내로 제한할 필요가 있다는 설명에는 동의할 수 있었다. 나는 이 정도로 이해하고 있었다. 북한주민이 상속받은 재산을 전부 반출하는 것은 막되 매년 또는 매월 조금씩 반출해서 생활비나 의료비로 사용하는 것으로 예상하고 있었다. 그런데 그런 것이 아니었다.

발표자는 재산관리인은 가정법원이 선임한다고 설명하면서 재산관리인에게는 재산을 관리할 의무와 함께 일정한 보수를 받을 권리가 주어지고 법무부장관이 이들의 업무를 감독한다고 했다. 실무상으로 법원의 관여는 형식적이고 법무부가 재산관리인을 관리하고 감독한다. 재산문제는 북한주민의 보호뿐만 아니라 국가안보적 관점, 대북정책적 관점에서 접근하여야 하므로 사법부보다는 행정부가 정책 판단하는 것이 적절하다는 측면에서 제도의 취지도 이해할 수 있었다. 구체적인 운영 실태를 듣기 전까지는 그랬다.

외국사례로 언급된 동서독은 제한적이었지만 왕래가 가능하였기에 특례법 제정이 없었고, 중국과 대만의 양안 사이에도 상속재산을 일부 반출하는 것이 허용되며 상속재산 관리는 정부기관이 관여하고 있었다. 우리와 같이 특례법을 제정하고 재산관리인을 선임하여 관리하는 사례는 없는 셈이다. 그렇다면 우리 현실에 맞는 제도설계와 운영을 고민해야 한다. 이 지점에서 북한법연구자들이 참여할 수 있는 공간이 생긴다.

이 무렵, 직장 동료 임송대 회계사에게 이 문제를 어떻게 생각하는지 물었다. 그는 북한주민이 남한의 부모로부터 상속을 받는 것이 가능하냐고 물었다. 나는 상속은 혈연을 전제로 하는 것이라 국적과는 무관하다고 설명했지만 그는 재산형성에 기여하지 않은 자녀에게 동일한 상속분을 인정하는 것이 이상하다고 했다. 내가 예상하지 못한 답변이었다. 그래서 나는 다른 사례를 들어 설명했다. 만일 그 자녀가 미국이나 일본, 혹은 중국에 있다면 어떻겠느냐고 묻기도 하고, 만일 자녀가 어릴 때 부모가 이혼을 하면서 자녀들도 각자 떨어져 살았는데 부친이 사망하면서 모친과 같이 살던 자녀가 상속인이 되었다면 어떻겠느냐고 묻기도 했더니 자녀라면 상속인이 된다는 사실은 수긍했지만 뭔가 썩 내키지는 않아 보였다. 그와 대화하면서 일반인의 상속에 대한 생각 자체가 다양하다는 것을 알게 되었다. 혈연중심의 상속제도가 장래에도 지속될 수 있을까 생각해 보았다.

이날 행사장에서 잠시 휴식하는 시간에 특례법의 실제 운영현황에 대해 물어볼 기회가 있었다. 법 시행 이후 10년이 지났는데, 실제로 북한으로 지급된 상속재산이 얼마인지, 1회 지급 한도는 얼마인지 물었다. 담당자는 한동안 대답을 하지 않고 딴 소리만 하더니 이렇게 말한다. 1회 한도는 내부 기준으로 정하는데 현재 수십만 원 수준이다. 하지만 그 기준은 변경이 가능하다. 실제로 지급된 사례는 전혀 없다. 그 이유는 재산관리인들이 북한주민 직접사용허가신청을 하지 않기 때문이다. 대북제재로 인해 북한으로 송금할 방법이 없기 때문인 것 같다고 보충 설명한다. 대답을 듣고 깜짝 놀랐다. 지금까지 수백억 원의 재산이 북한주민에게 상속되었다는 뉴스를 본적도 있는데 한 푼도 지급되지 않았다는 말을 들을 줄은 몰랐다. 북한으로 송금하는 것이 어렵다는 것은 법제정 당시에도 마찬가지였다. 송금이 어렵다면 송금창구를 만들 일이지 현실을 핑계 삼아 법적용을 회피할 일은 아니다. 북한주민의 삶이 고달프다는 것은 상식이다. 부모와 헤어져 살다가 우여곡절 끝에 부모를 찾고 재산상속을 받았는데, 그 돈이면 잘 먹고 잘 살 수 있는데, 여태 한 푼도 지급받지 못했다는 것을 북한주민은 어떻게 받아들일까?

특례법에는 분단의 종료와 자유로운 왕래에 대한 정의가 있다. 이 법은 그때까지 임시적인 사항을 규정한다. "남북한 사이에 서신과 통신의 왕래가 완전히 자유롭게 허용되고 상호방문에 있어 외국에 비하여 특별한 제한이 없어진 경우"라면 재산반출이 가능할 것이다. 자유로운 왕래가 허용되는 그런 날이 오면 특례법이 없더라도 자신의 권리를 주장할 수 있을 터. 그런데 그 날이 언제일지 모르는 지금은 어떻게 해야 하는가. 현재의 운영 실태를 이대로 계속해도 될 것인가. 그래선 안 될 것 같다. 상속재산의 소유자가 엄연히 있는데, 그 사람이 북한에 살고 있다는 이유로 그 상속재산을 그림의 떡으로 방치해도 되는가? 남한에 사는 탈북주민이 북한에 있는 가족에게 송금한다는 것은 공공연한 비밀이다. 중개인 수수료 30% 정도를 떼면 나머지 금액은 가족에게 전달된다. 주민들 간의 생활비 송금은 대북제재 대상도 아니련만, 어찌 상황이 이 지경이 되도록 방치되었단 말인가. 송금문제는 남북 당국 간에 상속재산 전달 창구를 만들면 될 일인데, 그것이 그리 어려웠을까? 지금껏 상속재산 관리인은 그들이 관리할 재산이 줄어들 것을 염려할 뿐 그 재산을 북한주민에게 전달할 방법은 소홀히 한 것은 아닐까, 혹은 재산관리인으로서 보수만 받은 것은 아닌가? 설마 그렇기야 하겠냐마는 상속재산 전달 노력이 제대로 되었는지는 그 결과로 평가할 수밖에 없다. 사태가 이 지경에 이른 것은 이 문제에 관심가지는 사람이 별로 없었기 때문일 것이다. 그러저러한 사정이 있다고 해도 이건 너무하다. 아예 법과 제도가 없어서 어쩔 수 없다면야 누구를 탓할 수도 없겠지만 특례법을 만들고 10년이나 운영하였다면서 이래도 되나 싶다.

특례법을 제정한 것은 대한민국의 의지[2]를 표시한 것이고, 그 법을 집행하기 위해 담당부처를 두었다. 국가는 빈곤과 질병 등의 사회적 위험으로부터 국민의 안전을 지키고 사회적 연대를 회복하는 노력을 해

---

2) 특례법 제1조(목적)는, "이 법은 ~ 남한주민과 북한주민 사이의 상속 등에 관한 법률관계의 안정을 도모하고, 북한주민이 상속 등으로 소유하게 된 남한 내 재산의 효율적인 관리에 이바지함을 목적으로 한다."고 규정한다. 향후 이 법의 내용으로 북한주민의 인권보호를 추가하고, 송금제도를 보완할 필요가 있다.

야 한다. 북한주민도 대한민국의 보호대상인지 논란이 있겠지만 특례법을 제정한 이상 북한주민의 상속재산 관리 업무에 대해서는 국가에게 의무가 없다고 발뺌하기 어렵다. 특례법 운영실태가 낱낱이 공개되어야 한다. 이럴 것이면 법은 무엇 하려고 만들었냐고 상속인이 질문한다면 무엇이라 답할 것인가? 특례법상 북한주민이 상속재산을 직접 사용할 사유는 생계에 필요한 개인적 소비, 질병치료비, 주택수리비, 학업비 등이다. 북한에 있는 상속인들이 이런 돈을 제때 전달받지 못해굶주리고 질병으로 고통 받았다면 만일 그러다가 사망하기라도 한다면큰일이다. 정부와 재산관리인은 그 책임에서 자유롭기 어렵다. 이제야이런 현실을 알게 되었다는 말로 나 자신이 책임에서 벗어나긴 어렵다. 특례법이 있다는 것은 진작부터 알고 있었고 그 운영실태도 궁금해 했던 연구자로서 법집행 감시에 소홀했다. 이제부터라도 뭔가 해야겠다. 지금의 제도 운영은 너무하는 것이다. 남한 내 재산을 상속한 북한주민이 그 재산을 생활비로 사용할 수 있으려면 얼마나 더 기다려야 하나.

(2022. 1.)

듣기 싫은 말

연초에는 신년인사회라는 이름의 모임이 잦다. 연말에 송년회를 하고 돌아서서 신년회를 하는 걸 보면, 사람들은 이런 저런 이유를 대어가면서 만나려는 속성이 있는 것 같다.

동북아평화협력연구원은 지난 연말에 집행부가 새로 교체된 연구단체다. 북한문제를 중심으로 중국과 러시아, 일본까지 포함한 동북아의 평화협력방안을 연구하자는 포부가 크다. 지난 해 추원서 박사를 새로운 회장으로 선임하면서 연구위원을 대폭 위촉하였는데, 나는 북한법 전공자로서 참여하였다. 지난 연말에는 정관개정과 신임 위원들 간의 인사가 있었고, 그때 예정한 대로 신년인사회를 겸한 정세토론회가 열렸다.

이날 20여 명의 연구자들이 모였는데, 일본인과 중국인도 있고, 참석자들의 연구분야도 다양했다. 중국 요녕대학교 동북아연구원 짱둥밍 (張東明) 교수가 '사드문제와 한중관계'라는 제목으로 중국학자의 시각에서 발표했다. 그는 "정답은 없다. 그렇기 때문에 토론해야 한다."고 토론의 필요성을 강조했다.

"사드문제로 인해 가장 큰 피해를 본 나라는 중국과 한국인데, 최근까지의 현상은 피해자들끼리 싸우는 형국이다. 지금은 그것이 잠시 중지되었지만 문제가 완전히 해결된 것은 아니다. 사드문제로 인한 영향을 객관적 수치로 살펴보면 한중간의 무역변화는 큰 차이가 없거나 수치상으로는 오히려 상승했다. 관광분야의 타격이 크다고 하는데, 관광은 전체 무역규모의 1% 수준에 불과하다. 사드문제의 배후에는 미국이 있다. 중국은 현재의 사드배치보다는 후속조치를 더 우려하고 있다. 중국학자들은 사드문제에서 한국은 미국의 지시를 따를 뿐이고 독자적으로 결정할 힘이 없다고 본다. 향후 미국의 한국에 대한 영향력이 축소

되면 일본이 그 뒤를 이어 한국에 대한 영향력을 확대할 것이다. 한국인으로서는 듣기 싫은 이야기겠지만 쓴 소리가 유익하다는 것을 명심해 달라."

장 교수의 발표 후 참석자들이 토론했다. 중국 내에서 중앙정부와 지방정부의 역할이 다른데 안보문제에 있어서는 중앙정부가 결정하고 지방정부는 그 결정을 따른다. 미군이 움직이면 일본 자위대는 따라 움직일 것으로 예상한다. 사드배치가 한국의 독자적인 결정이라는 주장도 있지만, 당시의 언론보도를 보면 한국의 대통령도 사드배치 현황에 대해 잘 모르고 있었다. 그런 상황이라면 중국측은 사드는 미국이 결정한다고 볼 수밖에 없다는 말들이 이어졌다. 그러다가 누군가 "중국은 북한과 미국의 수교를 원하는가?"라는 질문을 하였다. 발표자는 중국의 입장을 말하기 전에, 한국은 그것을 원하는가 되묻고 싶다고 한 후, 중국은 북한과 미국의 수교를 원한다. 그러면 평화가 따라 오기 때문이라 대답했다. 하지만 북미수교를 하면 미국의 세계전략이 흔들리기 때문에 성사될 가능성은 낮다는 의견을 덧붙였다. 북한 핵문제는 핵과 정권을 분리할 수 없는 상황이 되었고 한 몸이 되었기 때문에 핵문제만 떼어낼 수 없다고도 했다. "6자 회담이 좋으냐?"라는 질문도 있으나, 현재까지는 그만한 플랫폼이 없기 때문에 유지하는 것이 좋다고 생각한다고 답변했다. 그의 답은 명쾌했다. 중국학자들의 대체적인 견해라는 전제를 달면서 그는 자신의 입장을 밝혔다. 듣기 싫은 이야기가 많았다.

"일본은 한국에 다시 진출할 것이고, 사드문제에서 한국은 미국의 결정을 따를 뿐 자신의 독자적인 목소리를 낼 수 없는 처지인 것 같다."는 말은 듣기에 거북했다. 자신은 중국에서 한국을 연구하는 중국인 학자이며, 한국을 오랫동안 왕래한 사람이고 여기 있는 많은 사람과 친구 지간이다. 그렇기 때문에 한국인이 듣기 싫은 이런 말도 한다. 중국에서 학생들에게 한국문제를 설명할 때면 학생들로부터 지나치게 한국 편을 드는 것이 아니냐는 비난을 자주 받는다. 그땐 중국학생에게 사실을 중심으로 자기의 말을 진지하게 들어달라는 부탁을 하는 처지라고 자기 입장을 밝혔다.

이날의 토론은 말하는 그도, 듣는 나도 불편한 주제였다. 세미나를 마치고 명함을 교환하면서 듣기 싫은 소리를 해 주어 고맙다고 인사했다. 외국과 관련된 문제에 대해 다른 나라 학자의 이야기를 들어보는 것은 소중한 경험이다. 갈 길을 알아도 실천이 어려운 시대다. 상황을 냉정히 본 후 나아갈 길을 정해야 한다. 이날 장 교수를 통해 나와 우리나라의 처지를 냉정히 생각해 보았다.

장 교수가 해법으로 제시한 것은 초심으로 돌아가자는 말, 두 나라가 1992년 수교를 하게 된 이유가 무엇인지, 무엇이 두 나라의 이익을 위한 것인지를 다시 생각해 보자는 말이었다. 이 말은 시진핑 주석이 문재인 대통령에게 한 말이기도 하다.

한반도에 대한 그의 소감 한 마디가 절절했다. "사람이 힘을 쓰려면 허리가 튼튼해야 한다. 그런데 한반도의 지도를 보면 허리가 절단되어 있다. 물류의 측면에서 보면 심각한 문제다. 한국이 제대로 힘을 쓰려면 끊어진 허리를 이어야 하고, 그 시작은 교통과 물류의 연결이다. 남북한 철도와 도로를 연결하면 대륙과 연결된다. 그 시작은 이미 되었는데 진행이 더딘 것이 안타깝다."

자신에 대해, 자기가 속한 사회에 대해, 더 나아가 자기 나라에 대해, 칭찬을 들으면 기분이 좋다. 나를 알아주는구나 싶고, 이제 나도 당신들을 잘 대해주겠다는 마음의 여유가 생기기도 한다. 반면에 너는 힘이 없고, 제대로 할 수 있는 것이 없다, 남의 말이나 듣는 처지라는 말을 들으면 기분이 나쁘다. 우리의 현실이 그렇지 않은데 오해하였다는 섭섭함이 들기도 하고, 실제로 그렇더라도 면전에서 그렇게 대놓고 말하면 어떡하느냐는 마음이 들기도 한다. 이래저래 쓴 소리는 듣기 싫다. 하지만 그런 쓴 소리가 도움이 된다는 것은 오래된 진리다. 좋은 약은 입에는 쓰나 몸에는 좋다(良藥 苦口, 利於病), 학생 때 배운 글귀다.

(2018. 2.)

대만의 흰 장갑에서 양안관계의 지혜를 배우다[1]

2017년 4월 초순, 서울의 날씨는 변덕스럽다. 비가 오다 그치고, 며칠 덥다가 다시 추워졌다. 민화협 통일공감포럼 위원들과 함께 3박 4일간의 현장연수를 위해 대만으로 떠났다. 10명의 단출한 인원이라 이동도 편했고, 서로 이야기를 나누기도 좋았다.

대만의 흰 장갑

첫날 오후 해기회(海基會)를 방문했다. 재단법인 해협교류기금회는 반관반민의 단체로 중국대륙과 대만사이의 업무를 담당하는 양안(兩岸)관계의 실무창구다. 해기회는 타이페이 시내의 고층 건물을 통째로 사용하고 있었다. 당시 대만은 차이잉원(蔡英文) 총통 당선 이후 양안관계가 악화된 탓에 경제가 어려워지고 있는 상황이었지만 그래도 양안 간에 깊숙이 뿌리내린 협력은 단절 없이 이어지고 있었다. 중국은 정치적인 이유로 대만으로 가는 대륙의 관광객 규모를 하루 만 명에서 2천 명으로 줄였다. 그 바람에 대만의 관광업계나 상가는 피해가 심했다. 사드배치문제로 인해 중국의 보복을 받는 우리 처지에선 동병상련이다.

해기회 부비서장 러우화이쟈(羅懷家) 박사는 60대로 보이는 학자풍의 남자였다. 넓은 회의실에서 서로 인사를 나누었다. 미리 준비해 간 질문과 현장에서 즉석으로 나온 질문이 계속되었다. 러우 박사는 해기회가 하는 역할과 양안관계의 문제점을 설명했다. 양안관계는 어려운점이 많아 문제를 해결하기 위한 인내와 지혜가 필요했다는 말을 여러번 했다. '인내와 지혜', 정치경제적 수준은 높지만 인구와 면적이 적은

---

1) 민화협이 발간하는 『민족화해』 2017. 5~6. 통권 86호에 게재된 글이다.

대만이 상대방인 중국 대륙을 상대하는 과정에서는 인내할 일과 지혜를 모아야 할 일이 많았고, 지금도 마찬가지 상황인 듯 했다. 우리측에서 남북관계에 대한 질문을 하자, 러우 박사는 인내와 지혜로 해답을 찾으라고 조언하면서 형제의 입장에서 먼저 베풀라고 했다. 중국과 북한이 거만해 보이지만 자격지심이 숨어있으니 지혜를 가지고 잘 살펴야 한다고 했다. 러우 박사는 양안관계의 과거를 생각하면 분노와 슬픔이 있지만 앞날을 위해 아픔을 극복하고 다시 시작해야 하고, 정부가 앞장 서기 전에 민간이 먼저 교류하고, 민간이 서로를 잘 알아야 문제가 풀린다고 했다. 또한 평화와 안정이 중요하다고, 기회가 생길 때마다 왕래하라고 당부했다. 해기회는 양안의 국민을 위해 노력하는 단체라 조심해서 일을 처리한다고, 양안관계는 가까우면서도 민감하기 때문에 지혜롭고 조심스럽게 추진한다고 여러 번 강조했다.

다음 일정은 정부기관인 대륙위원회 방문이다. 대륙위원회는 정부부처로 중국과 관련된 업무를 수행하는 곳이다. 우리 대표단은 미리 준비된 방에서 그들이 준비한 차를 마시면서 대화를 나누었다. 대만 사람들은 대화 중에 동물을 예로 들어 설명하는 경우가 많았다. 소와 개 그리고 고양이는 대만인의 대화에 자주 등장했다. "흰 장갑을 끼고 일한다."는 설명도 인상적이었다. 정부가 직접 나서기 어려운 국면에서는 민간이 나선다고 했다. 흰 장갑을 끼고 일하면 아무런 흔적이 남지 않기 때문이다.

행정원 대륙위원회 부주임위원 추추이정(邱垂正) 박사는 50대 초반쯤의 키가 크고 활력이 있는 남자였다. 대만 청년들이 통일을 원하지 않는 현실도 담담히 설명하면서 청년층의 의사도 존중해야 하며, 현재 중국이 대만과 한국에 가하는 경제보복에는 당당히 대응하자고 했다. 그러면 세계의 다른 나라들이 알아 줄 것이고, 중국도 세계적 강국이 되기 위해서는 다른 나라의 입장을 무시하지 못할 것이라 했다. 그러면서도 관계의 실이 끊어지지 않도록 노력하는 것이 중요하다고 강조했다. 두 기관을 방문하면서 느낀 것은 대만은 대만대로 고민이 깊다는 것, 모두 저마다의 고민을 안고 있었다.

포탄으로 칼을 만드는 장인

다음날은 금문도(金門島) 답사, 대만과 중국 대륙 사이의 섬 금문도는 타이페이에서는 비행기로 한 시간 거리로 제법 멀지만 중국 대륙과는 육안으로 상대지역이 보일 정도로 가깝다. 우리 일행이 탄 프로펠러기가 금문도에 착륙하려고 할 무렵 아래쪽으로 육지와 바다가 보였다. 육지 한 쪽은 고층빌딩이 많이 보이는 번화한 도시, 바다 건너 쪽은 농촌 풍경의 작은 도시, 그 중 우리가 가는 곳은 작은 도시, 금문도이고, 맞은편의 대도시는 샤먼, 중국 대륙의 도시다.

금문도는 양안 사이에 끼어 있는 지리적 특성으로 인해 1949년 중공군의 침략을 받았다. 당시 중공군은 한 나절이면 점령할 것으로 예상하고 공격했으나, 54시간의 전투 끝에 수천 명의 포로를 남기고 후퇴했다. 그 이후 약 20년간 중국과 대만은 양안을 사이에 두고 포격을 계속했다. 한동안 매일 쏘던 포탄을 나중에는 홀수달과 짝수달로 구분해서 홀수달에만 포를 쏘고 짝수달에는 쉬었다고 한다. 당시 중공군이 쏟아부은 포탄이 1평방미터 당 3개 정도의 양이라고 하니 놀라울 따름이다.

금문도는 칼이 유명하다. 주민들은 중공군이 쏜 포탄을 캐내어 그것을 잘라 칼로 만들기 시작했다. 포탄의 재질이 좋아서 오래 사용할 수 있는 칼이 만들어졌다. 포탄 하나로 60개의 칼을 만들 수 있는데, 아직도 수십 년간 칼을 만들 분량이 남아 있다. 현지 가이드를 따라 포탄을 잘라 칼을 만드는 공장으로 갔다. 그곳 칼 판매장 안쪽에 공장이 있었다. 포탄을 하나 골라 손으로 들어 보았다. 두께도 상당하고 무게도 제법 무거워 한 손으로는 들기 어려웠다. 칼 만드는 장인은 시범을 보여

주었다. 산소용접기로 포탄에서 쇳조각을 한 조각 잘라내고, 화로에 그 쇳조각을 집어넣고, 붉게 달구어진 쇳조각을 꺼내 기계 망치로 두드리기 시작했다. 이리 저리 두드리자 차츰 모양이 잡혀가고, 칼과 손잡이로 모양을 구분하더니 칼 부분도 칼날과 칼등으로 구분하기 시작했다. 쇠가 식으면 다시 달구고 달구어지면 두드리기를 반복했다. 모양이 거의 갖추어지자 열기를 식힌 후 그라인더에 날을 간다. 불꽃이 튀고 까가강 소리가 한참 나더니 흰 빛깔의 식칼이 만들어졌다. 검은 색의 포탄이 불과 20여 분 만에 한 자루의 식칼이 되었다. 칼 만드는 장인 우선생은 그날 만든 칼을 통일공감포럼 대표에게 기념품으로 전달했다. 우리 일행은 우 선생과 기념촬영을 했다. 몸매가 가냘픈 우 선생은 키가 컸다. 한 평생 포탄을 잘라 칼을 만드는 우 선생, 분단의 현장 금문도에서 자라고, 하늘에서 쏟아진 포탄으로 생계를 이어가는 사람이다. 그가 보는 양안관계는 어떤 모습일까?

맥주집 칠현의 밤

대만의 날씨는 벌써 초여름, 하루 일정을 마치고 나면 더위에 지쳤다. 일행은 저녁마다 호텔 바에 모였다. 맥주를 마시며, 대만의 현실을 이야기 하고, 남북한의 현실과 비교해 보았다. 그리고 우리가 나아갈 길이 어느 쪽인지 물었다. 묻고 답한 사람이 따로 있지 않았다. 누군가 묻고 다른 사람이 대답하고, 그 사이에 누군가 이어진 질문을 하고 또 다른 답변을 하고, 그렇게 밤이 깊도록 이야기를 나누었다. 대만의 젊은이들이 중국과 통일하는 것을 원하지 않는다는 것을 알게 되었다. 자유롭게 자란 대만 청년들은 대륙의 억압된 정치 환경에서 살기 싫어하지만 그렇다고, 중국과 경제교류를 하는 것까지 반대하는 것은 아니었다. 경제교류는 지속하지만 정치통일은 경제와 구분해서 생각한다. 남한의 젊은이도 비슷한 생각을 하는 사람들이 늘어가고 있다. 남북이 서로 평화롭게 살면서 왕래하면 되지 꼭 통일해야 하느냐는 질문에 대해 그래도 통일을 해야 한다고 설득하기가 점점 어려워진다.

우리 사회는 남북문제를 둘러싸고 세대 간의 갈등, 이념 차이로 인한 갈등이 심하다. 이런 상황을 극복하기 위한 묘안이 없을까? 묻고 답변하는 과정이 이어졌다. 출발점은 시민 각자가 성숙한 개인이 되어야 한다는 것, 그러기 위해서는 시민교육이 필요하고, 특히 은퇴한 이후의 노인들을 상대로 하는 의무교육이 중요하다. 이미 유럽에선 그런 일이 시행되고 있다는 말이 이어졌다.

다른 나라에 와서 우리나라를 보면 나라 안에 있을 때보다 더 잘 보인다. 밤마다 토론을 했던 맥주집의 이름은 칠현(七賢)이었다. 우리는 대여섯 혹은 일곱이 모여 이야기를 나누었다. 칠현이란 이름 탓인지 논의는 깊어졌다. 남북이 교류할 방안, 답답한 현실을 헤쳐 나갈 구체적인 방법도 논의했다. 하나의 길을 따라 가다가, 그 길이 막히면 다른 길을 찾았다. 길을 찾다가 귀국했다.

인천공항에서 사무실을 거쳐 집으로 가는데, 동네가 환하다. 며칠 새 벚꽃이 다 피었다.

(2017. 4.)

역사의 현장에서

드레스덴은 통일 전 동독 작센 주의 중심도시다. 체제전환국 답사여행 7일째, 드레스덴 역 광장에서 바그너(Dr. Herbert Wagner)씨를 만났다. 반팔 흰 셔츠와 면바지 차림에 작은 가방을 어깨에 멘 그는 일흔쯤의 인상이 좋은 남자였다. 일행 24명은 그와 인사를 나누었다. 바그너씨가 인사말을 한 후 김영윤 회장이 간단히 이날 행사를 안내했다.

"우리는 이번 여행에서 동독지역과 동유럽 체제전환국을 답사하고 있습니다. 오늘은 드레스덴에서 시장을 역임하신 분을 모시고 체제전환 당시 드레스덴에서 무슨 일이 있었는지 들어보겠습니다. 제가 개인적으로 알고 있는 독일 변호사 김유리 양이 바그너 시장을 섭외하였을 뿐만 아니라 오늘은 휴가를 내고 통역해 주기로 했습니다. 바그너 시장님과 김유리 변호사를 소개합니다."

바그너씨는 1990년부터 10년간 드레스덴 시장으로 일했다. 그는 공대를 나온 엔지니어로 드레스덴 출신이 아니었지만 아내의 고향인 이곳에서 살다가 역사의 현장에 서게 되었다고 자신을 소개했다. 1989년 가을, 동독인들은 서독으로 이동하기 시작했다. 동서독 사이에는 장벽이 있어 동독에서 서독으로 바로 갈 수는 없었다. 동독인들은 체코슬로바키아의 프라하나 헝가리의 부다페스트를 거쳐 서유럽으로 간 다음에 다시 그곳에서 서독으로 가는 이동방법을 선택했다.

드레스덴 중앙역은 프라하로 가는 열차가 정차하는 곳이다. 드레스덴 시민들은 도대체 무슨 일이 일어나는지 알기 위해 역 광장에 모이기 시작했다. 처음엔 일부 시민이 기차를 타고 프라하로 갔지만 동독 정부가 출국을 단속하였고, 나중에는 잠시 정차한 기차에 몰래 타고 떠나는 사람도 있었다. 그러는 사이 드레스덴 시민들은 역 광장에 모여 여행의 자유를 외치며 시위하기 시작했다. 시 당국은 이들을 강제로 진압하고 시위주도자를 연행하였지만 다음날이면 다시 사람들이 모여 시위를 계속했다. 그러던 어느 날 경찰이 시위대를 둘러싸자 시민들은 그 자리에 주저앉아 노래를 부르기 시작했다. 서로 어떤 행동도 취하지 못한 채 대치하던 난감한 상황에서 신부(神父) 한 명이 일어나 경찰과 대화를 시도했다. 책임자와 대화하고 싶다고, 시장에게 우리의 요구사항을 전달하고 싶다고 했다. 당황한 경찰은 책임자를 찾아 상황을 보고하고 지시를 받느라 한참 시간이 걸렸다. 경찰은 상부로부터 대화를 하라는 지시를 받았다.

그런데 막상 대화를 하려고 하자 누가 시민을 대표할 것인지가 문제되었다. 누군가 사회를 보면서 '대표가 되고 싶은 사람은 일어나라'고 했고, 50명쯤 일어났다. 한 사람씩 자기소개를 하고 자기가 시 당국에 전달하고 싶은 말을 했다. 군중이 그의 말에 찬동하면 박수를 치고, 반대하면 야유를 보냈다. 그렇게 15명쯤의 대표가 선발되었다. 그것이 시민혁명의 시작이었다. 그 다음날 대표단은 시장과 면담을 하고 시민들의 요구사항을 전달했다. 그때 시장은 그들의 대표성에 의문을 제기했다. 오늘 당신들 15명이 대표라고 와서 이야기를 하였는데, 내일 또 다른 사람들이 대표라고 찾아와서 다른 말을 하면 어떻게 하느냐고 했다. 대표단은 시민들에게 제안했다. 우리가 개설한 통장에 돈을 보내달라고, 우리를 대표로 인정한다는 의미로 딱 1마르크만 보내달라고 했는데, 그렇게 모인 돈이 10만 마르크를 넘었다.

처음에 동독시민들이 외친 구호는 "우리가 국민이다"이었는데, 그 이후 서독과 협상이 진행되면서 구호는 "우리는 하나의 국민이다."로 바뀌었고, 경제통합이 진행되자 "서독 마르크가 우리에게 오지 않으면 우리가 서독으로 간다."로 구체화되었다. 역사는 그렇게 흘러갔다. 1990년 동독주민들이 선거로 뽑은 정부가 서독 정부와 협상을 했다. 동독을 구성하던 연방주들이 서독에 편입하기로 결의했고, 이에 서독은 통일을 앞당기기 위해 동독의 마르크화를 1 : 1 비율로 서독의 마르크화와 교환해주었다. 당시 서독 통화가 동독 통화가치의 3배였다.

바그너씨는 10년간 시장으로 재임했다. 그가 기억하는 인상적인 사건은 슈타지(Stasi, 동독의 비밀경찰)에 협조한 시 공무원들 처리문제였다. 25명 정도의 시 공무원이 슈타지에 적극 협력하였는데, 이들의 처리가 문제되었다. 시의회는 이들을 일괄 해고하라고 결의했지만 바그너 시장은 일괄 해고의 쉬운 길을 택하지 않고 개별 사람들의 구체적 사정을 조사한 이후에 그 결과에 따라 개별적으로 처리하는 방안을 선택했다. 상당한 시간이 걸린 후 몇 명은 해고 되었지만 다수의 사람들은 시공무원으로 계속 근무하게 되었다.

바그너씨의 안내로 당시 시위대가 활동했던 역 광장, 시위대가 대표를 뽑았던 중앙광장, 대표단이 시장 면담 후 시민들에게 그 결과를 설명했던 시청사 앞 교회 건물을 보았다. 역사의 현장에는 간략한 설명이 기재된 동판이 붙어있거나 당시의 사진을 붙인 기념판이 세워져 있었다. 그냥 지나치면 의미를 알 수 없을 장소였지만 바그너씨의 설명에 감동한 우리는 역사의 현장을 가슴에 새기며 다녔다.

점심장소는 광장 인근의 식당, 바그너씨와 같은 테이블에 앉은 나는 그에게 감사의 인사를 했다. 시민혁명을 주도한 역사적인 인물을 만나게 되어 감동적이었다고, 당시의 상황을 생생히 설명해 주어 고맙다고, 궁금한 것을 물어볼 수 있어 유익했다고 정중히 인사를 드렸다. 그러자 바그너씨는 인사는 그만하고 궁금한 것을 질문하라고 했다. 이미 두 명이 앞서 질문을 한 터라 그는 식사도 제대로 하지 못하고 있었다. 식사하시면서 천천히 답변하셔도 좋다고 했지만 그는 괜찮으니 무엇이든 물어보라고 했다. 내가 물었다.

"체제전환은 동독인에게도 새로운 경험이었고, 참고할 역사적 선례도 없었던 사건이었다. 당시 시장으로서 결정해야 할 어려운 일이 많았을 텐데, 그때 판단의 기준으로 삼은 원칙은 무엇이었는가?"

바그너씨는 자신이 견지한 원칙은 법치주의, 사회적 시장경제, 공정성이라 했다. 그것에 대해 좀 더 부연설명을 해 주긴 했지만 그의 답이 참 간결하고 명쾌했다. 그의 답변을 들으면서 난데없이 맹자(孟子)가 떠올랐다. 양(梁)나라 혜왕(惠王)이 물었다. 맹자 선생님이 멀리서 오셨는데, 우리나라에 무슨 이익이 있겠습니까? 맹자가 대답했다. 어찌 임금께서는 이익을 따지십니까, 오직 인(仁)과 의(義)가 있을 뿐입니다. 『맹자』 맨 앞에 나오는 이야기다.

바그너씨는 이렇게 말한 셈이다. '우리가 추구해야 할 것에 어찌 별다른 것이 있겠습니까? 법을 따르고, 어려운 사람들도 고루 잘 살도록 돕고, 모든 절차를 공정하게 할 뿐입니다. 그것 외에 또 무엇이 있겠습니까?'

사람이 사는 사회의 이치는 언제 어디서나 같다. 급변하는 사회에서 추구해야 할 방향은 2,300년 전 맹자 시절의 중국이나 30년 전 독일 드레스덴이나 지금 내가 사는 서울이나 어디나 마찬가지다. 그 분명한 답을 멀리 여행지에서 찾았다.

(2018. 10.)

몽골 청년의 엉뚱한 질문

2022년 여름, 오랜만에 해외여행을 다녀왔다. '통일과 북한법학회'와 국민대 법대가 공동주관하는 국제학술행사에 참석하는 공식일정과 초원에서 보내는 며칠간의 여행을 묶어서 여름휴가차 갔다. 광복절 아침 8시에 출발하는 비행편이라 새벽 4시에 일어나서 서둘렀다. 인천국제공항까지 차를 운전하여 장기주차장에 주차한 후 셔틀버스를 타고 공항에 도착한 시간은 오전 6시, 일행들과 인사를 나눈 후 짐을 부쳤다. 한두 해 사이 출국 절차의 많은 부분이 기계화되었다. 항공권은 카톡으로 받았고 짐은 스크린의 설명에 따라 스스로 부쳤다. 그리곤 전자출국심사를 거쳐 출국장으로 나갔다.

항공기는 만석에 가까웠다. 3시간의 비행, 아침식사를 하고 영화 한 편을 다 볼 무렵 창밖으로 몽골의 초원이 내려다 보였다. 얼마만인가. 거의 10여 년 만이다. 비행기의 좁은 창으로 내다보자 구름이 보이고 그 아래 초원이 끝없이 펼쳐졌다. 사람의 흔적이 없는 광막한 초원, 나는 가끔 그것이 보고 싶었다.

도착한 날 오후 2시부터 학술대회를 시작했다. 광복절은 우리에겐 국경일이지만 일제침략과 무관한 몽골에선 평일이다. 울란바토르 시내 중심가에 있는 국립법제연구원의 회의실에 30여 명의 학자, 공무원, 변호사들이 기다리고 있었다. 박정원 회장의 개회사, 신영호 교수의 축사에 이어 남한, 몽골, 북한의 환경법제에 대해 발표하고 토론했다. 나는 첫 세션의 사회를 맡아 한국인 발제자와 몽골인 토론자의 발표와 토론, 그리고 몽골 청중의 질문을 받았다. 환경문제는 전 세계적인 문제이고 현재의 문제다. 나라별로 사정이 다르고 법률도 다르지만 서로의 경험을 공유하면서 함께 대안을 모색하자는 취지의 발언을 하고 차분하게 진행했다. 청중은 시민단체의 환경보호 주장이 한국정부의 정책에 반영되는 과정에 대해 물었다. 시민단체와 정부의 관계가 궁금했던 것 같다. 첫 세션 이후 휴식시간에 몽골측 참석자들과 인사를 나누었다. 사실 학술대회는 정식 발표도 의미 있지만 막간에 주고받는 비공식적 발언에서 배우는 것이 더 많을 때도 있다. 몽골법제연구원장은 우리 일행에게 몽골은 얼마 만에 온 것인지, 과거에 보았던 모습과 달라진 모습이 있는지를 물으면서 몽골 정부는 기후변화에 대응하기 위해 노력하고 있고, 환경법제 정비를 위해 한국의 도움이 필요하다는 말을 하였다. 외국에 나가면 느끼는 점이지만 우리나라의 위상이 높아졌다는 것, 그리고 우리는 이미 다른 나라를 도와주어야 할 위치에 있다는 생각을 다시 한 번 더 하였다.

행사 후 몽골측이 만찬에 초대하였다. 시내 중심가의 레스토랑에서 맥주와 보드카, 그리고 여러 가지 종류의 고기 요리를 나누어 먹으면서 울란바토르의 여름밤을 즐겼다. 낮의 뜨거운 햇볕이 사라지자 바로 시원해졌다. 습기가 적은 탓인 듯싶다. 내가 앉은 자리 주변에는 몽골국립대 한국법센터 직원 그리고 이번 가을부터 한국의 대학원에서 석사과정 공부를 시작하는 유학준비생 단전이 앉았다. 단전은 한국말도 제법 하는 25세 청년이다. 그와 이야기를 나누는 사이에 예상치 않은 질문을 받았다. "궁금한 게 있는데요, 남한과 북한의 헌법은 하나이지요?" 근처에 앉은 한명섭 변호사가, 아니라고, 남한과 북한의 헌법은 처음부터 달랐고, 지금도 여전히 다르다고 설명했다. 두 사람이 주고받는 말을 들으면서 처음엔 질문이 엉뚱하다고 생각했다. 몽골국립대 법학과에서 5년을 공부했고, 한국법센터에서 2년간 한국법도 배운 학생이 남북한에는 헌법이 따로 있다는 것도 몰랐단 말인가 싶었다. 그러다가 다시 생각하게 되었다. 남북한이 두 나라인 것을 알고, 그 둘의 헌법이 하나일지 둘일지 궁금해 한 것만으로도 대견한 일이다 싶었다. 남북한 분단으로 주민들이 고통 받고, 그런 고통을 없애기 위해 통일하겠다는 것은 우리의 목표지만 외국 사람이 그런 처지를 이해하고 공감해 주기를 기대하는 것은 우리의 희망일 뿐이다. 처지를 바꾸어 보면 사실 나는 다른 나라 사람의 고민이 무엇인지 잘 모른다. 몽골 사람의 고민이 무엇인지 그들이 추구하려는 국가이익이 무엇인지 관심도 없었다. 20대 몽골 청년이 한국 상황에 대해 그 정도 질문을 한 것은 대견한 일이다.

가만히 더 생각해 보았다. 통일문제는 지금 한국에선 인기가 없는 주제다. 청년세대를 중심으로 통일을 꼭 해야 하나, 북한이 핵위협만 하지 않는다면 이대로 따로 사는 것이 더 낫다는 의견도 많다. 사람마다 세대별로 생각이 다를 수 있고, 청년세대의 의견도 존중해야 한다. 하지만 나의 생각은 다르다. 나는 통일이 필요하고 조속히 달성되어야 한다는 생각이다. "분단상태를 언제까지 지속할 것인가?" 이것은 나의 질문이다. 이 질문은 "통일을 꼭 해야 하는가?"라는 질문의 다른 버전이지만 더 현실적인 질문이다. 그런 내 입장에선 30년 전에 만들어진 남한의 민족공동체 통일방안은 여전히 의미가 있다. 교류협력과 남북연합을 거쳐 통일헌법을 만들어 한 나라가 되는 3단계 통일방안에 의하면, 남북한은 언젠가는 하나의 헌법을 만들고 그 틀 안에 통일된 나라를 만드는 것이 국가목표다. 그렇다면 그 청년의 질문에 대한 답변은, "아직은 아니지만 언젠가는 남북한의 헌법이 하나가 될 것이다. 그것이 우리의 국가목표다."고 대답했어야 했다. 만일 그 시기가 언제냐고 묻는다면, "그건 우리도 잘 모른다. 그런 날이 빨리 오도록 노력할 테니 몽골도 이웃국가로서 도와 달라."고 대답했어야 했다.

이런 생각을 하면서 진정 우리에게 통일에 대한 구체적인 목표가 있는가 싶은 의문이 문득 들었다. 현재의 정부정책을 보면, 언제까지 통일된 국가를 만들자는 국가목표가 없다. 통일은 상대가 있는 것이라 목표를 혼자 정하긴 어렵겠지만, 그래도 통일의 시기와 방법을 정할 수는 있다. 그렇게 정한 목표를 달성하려고 노력하는 것은 이 시대의 국가목표가 되어야 한다.

현재 남한은 다른 나라와 정상회담을 하면 늘 북한 비핵화문제를 설명하고 상대방에게 비핵화노력에 동참해 달라고 요청한다. 그런 일을 언제까지 되풀이해야 할 것인가? 기후변화 등 시급한 난제가 많은 이 시대에 언제까지 분단해결에 매달려 있어야 할 것인가? 국력의 낭비가 심하다. 사실 다른 나라 사람들은 남북분단에 큰 관심이 없다. 그건 남북한 주민인 우리의 문제다.

몽골에서 남북문제를 생각했다. 우리는 진정 통일을 국가목표로 여기고 있는지, 통일을 이루기 위해 절박한 심정으로 노력하고 있는지 자문해보았다. 몽골의 하늘은 푸르렀고 초원은 넓었다. 메마른 땅에 풀이 듬성듬성하지만 땅이 넓어 유목민이 기르는 동물을 먹일 수 있었다. 자연환경에 맞추어 사는 유목민의 삶을 보면서 가슴이 뻥 뚫렸다.

과거의 역사를 생각해 보았다. 고구려가 강성할 때 몽골지역은 이웃이었다. 중앙아시아 벽화에서 고구려 복장을 한 그림을 본 일이 있다. 그때 두 지역은 말 타고 가는 이웃이었다. 지금처럼 비행기로만 다니는 나라가 아니라 길이 이어진 나라였다. 고구려 사람들이 말 타고 갔듯이 나는 기차타고 몽골 초원으로 가는 꿈을 꾼다. 조상들이 하던 일을 후손인 우리가 못할 이유는 없다. 그 시작은 남북통일이다. 소형 버스를 타고 몽골 초원을 종일 달리면서 '나의 문제는 내가 해결해야 한다.'고 생각했다. 소와 양이 듬성듬성 자란 풀을 한나절 계속 뜯으면 배가 부르듯이 통일을 이루려는 노력을 꾸준히 해 나가면 그 소원이 달성될 날이 올 것이다. 몽골 초원을 달리면서 그런 생각을 했다.

(2022. 9.)

판문점 선언, 그 날

2018년 4월 27일 금요일, 판문점에서 제3차 남북정상회담이 열렸다. 그날 나는 중국여행 중이었다. 오전에 절강성(浙江省) 소흥(紹興)을 떠나 월나라 미인 서시의 고향(西施故里)을 둘러보고 오후에 강소성(江蘇省) 의흥(義興)에 도착했다. 다산연구소 중국인문기행팀, 20여 명의 일행은 송재소 선생님의 인솔 하에 낮에는 문화유적을 보고 밤에는 소흥주를 마시며 중국 문화를 이야기했다. 모처럼 아내와 같이 온 여행인데다가 소흥에서 노신의 고향을 본 감흥에 겨워 여행이 즐거웠으나 이날만은 아침부터 마음이 편치 않았다. 마치 중요한 일을 앞두고 자리를 비운 심정이었다. 버스로 이동하던 중간 중간에 스마트폰으로 정상회담 진행사항을 확인하고, 저녁 무렵 정상회담이 잘 마무리 되었다는 소식을 듣고 안도했다. 일행은 만찬 자리에서 '종전약속(終戰約束)'을 구호로 축배를 들었다. 모두들 기뻐했고 술잔이 오고 가는 속도가 다른 날보다 빨랐다.

일행들은 호텔에서 2차 술자리를 한다고들 하는데, 나는 회담소식이 궁금하여 호텔 방에 남아 TV 채널을 이리저리 돌렸다. 중국의 여러 뉴스 채널과 미국의 CNN 뉴스에서 남북 정상회담 장면이 자세히 나왔다. 남북 정상 두 사람이 만나고, 나무를 심고, 같이 산책하는 장면을 여러 번씩 보여 주었다. 정상회담은 뉴스 보도 분량만으로도 가히 세계적인 사건이었다. 미국과 중국의 시각에서 편집한 방송은 흥분하지 않았고 사실 위주였다. 지난해 말 전쟁위기를 생각하면 이번 정상회담은 분명 감격스런 일이었지만 외국 방송사의 시선은 담담했다. 나에게 감격스런 일도 남에겐 그저 하나의 사건일 뿐이란 말인가. 남북한의 일은 역시 우리의 문제였다. 외국 뉴스를 보면서 남북한의 문제는 더 이상 한민족만의 문제가 아닌 세계적인 사건이라는 생각도 하고, 남북한 문제를 다른 나라에선 어떻게 보는지도 생각해 보았다. 외국에서 남북으로 분단된 조국 소식을 보고 듣는 심정은 즐겁다기 보다는 가슴 한쪽이 아리고 무거웠다. 뉴스도 끝나고 잠자리에 들 시간이었지만 뭔가 아쉬워 이리저리 채널을 돌리다가 북한 현지를 취재한 다큐멘터리를 발견했다.

북한은 2016년부터 평양시 룡남산지구 여명거리에 35층 내지 82층에 이르는 6개 동의 대규모 아파트단지를 조성하고, 2017년 4월 개막행사를 위해 외국기자를 초청했다. 그 행사에 참여한 중국기자가 평양 시내 여러 곳을 취재한 내용을 엮어 만든 프로그램이었다. 중국어를 정확히 알 수는 없었지만 자막에 나온 한자를 읽어 대강의 뜻은 파악할 수 있었고, 인터뷰 중에 평양시민의 말이 나와 상황을 이해할 수 있었다. 카메라는 소학교 교실에서 학생들이 공부하는 모습, 동방정교회 교회에서 활동하는 성직자와 성가대 모습, 광장에서 축하공연을 하는 청년들과 주변 환경, 공원에서 롤러스케이트를 타고 노는 아이들로 구성되었고 한 시간 정도 분량이었다.

겨울이 아직 끝나지 않았는지 화면 속의 북한 주민들은 두꺼운 옷을 입고 있었고, 클로즈업된 주민의 얼굴에는 가끔 부스럼이 보였다. 인터뷰하는 소학교 학생들은 화면 자막에 나타난 나이에 비해 덩치가 적은 편이었다. 취재 지역이 평양이고, 사회 통제가 강한 북한에서 외국 기자의 촬영이 자유롭지 않았을 것이라는 생각을 하면서 평양의 최근 상황을 눈여겨보았다.

중국 기자는 소학교 학생에게 그리고 광장에서 춤을 추는 청년에게 여러 가지 질문을 했다. 동방정교회 교회에서 성가대로 활동하는 젊은 여성에게는 예수를 믿게 된 이유를 물었으나, 그 여성은 동문서답했다. 다큐멘터리 중간 쯤 김정은이 참여한 개막행사도 잠깐 나오고 최고지도자가 오고 가는 길에 꽃을 흔들기 위해 미리 길거리에 서 있는 주민들의 모습도 보여주었다. 중국 방송이 북한을 보는 태도가 호의적이진 않았다.

같이 TV를 보던 아내는 초등학교 시절에 청와대 부근 학교를 다닐 때가 생각난다고 했다. 대통령이 지나가는 행사를 위해 몇 시간 전부터 꽃을 들고 대기했던 기억을 되살렸다. 당시 한 친구가 화장실이 급했는데, 선생님이 보내주지 않아 쩔쩔매던 기억이 난다고 했다. 현재의 북한에서 남한의 과거를 보는 경우가 가끔 있다. 중국 기자도 자신들의 과거를 보았을지 모르겠다. 북한 사회의 변화방향이 남한을 따를 수도 있을 텐데, 그럴 경우에 장래 북한 주민들이 겪을 고통과 혼란을 조금이라도 줄여 줄 수 있을까? 내가 북한의 법과 제도에 관심을 가지는 이유가 그런 혼란을 줄여보자는 것이지만 그 답을 찾기가 쉽지 않다. 법과 제도는 현실에 대한 깊은 이해에서 시작해야 하는데, 우리 사회가 북한의 현실에 대해 아는 것이 많지 않기 때문이다.

화면에 나타난 여명거리의 아파트에는 과학자 가족이 입주하고 있었다. 그들이 새집에 입주하면서 감격해 하는 장면도 잠깐 보여 주었지만 기자는 평양시민의 삶에 초점을 맞추고 있었다. 기자는 평양시민들에게 살기가 어떤지, 지금 행복한지를 여러 번 물었다. 주민들의 대답은 비슷했다.

"지도자 덕분에 잘 먹고 잘 살고 있다. 적들이 우리를 공격한다면 우리도 맞대응하기 위해 무장해야 한다."

당시는 북한이 핵무기 개발을 가속화할 때이고 그에 맞추어 유엔의 대북제재도 가중되던 시점이었다.

마지막 장면, 기념비가 있는 공원의 넓은 공간에서 초등학생쯤의 세 아이가 롤러스케이트를 타면서 놀고 있었다. 기자가 다가가자 아이들은 서둘러 달아났다. 두 아이는 자신의 겉옷으로 얼굴을 가리면서 재빨리 사라졌다. 동작이 조금 늦은 한 아이는 친구들을 놓치자 당황해하더니 뒤돌아 반대방향으로 갔다. 두 아이를 놓친 카메라가 뒤에 처진 한 아이를 따라가자, 그 아이도 방향을 돌려 친구들이 사라진 쪽으로 속도를 내어 달렸다. 클로즈업 된 아이들의 표정에는 의외의 상황에 대한 당황과 어린이다운 순진한 표정이 섞여 있었다. 멀리 사라지는 아이의 뒷모습을 배경으로 제작자의 이름이 올라오면서 다큐멘터리는 끝났다.

마지막 장면을 롤러스케이트를 타고 멀어지는 어린이로 편집한 이유는 무엇일까? 혹시 북한이 갈 길이 어디인지 묻기 위해서일까? 제작자의 의도는 알 수 없지만 내 생각은 이렇다. 남북문제는 현실에서 출발해야 한다. 지금 북한 주민들이 어떻게 살고 있는지, 그들의 희망이 무엇인지, 그들은 우리와 어떤 관계를 맺고 싶은지, 그들의 생각을 들어보는 것이 먼저다. 상대를 알지 못하면서 그 상대와 어떤 일을 도모하기는 어렵다. 북한의 현실을 어느 정도 파악한 다음에는 새로운 시각을 가져볼 수도 있겠다. 남북으로 갈라진 이후 70년 동안 서로 싸우고 경쟁했던 일을 잊지는 말아야겠지만 그것에 발목이 잡혀서도 안 된다. 남한 사회에서 장차 남북관계를 새로 맺어갈 세대들의 생각은 이미 달라졌다. 통일을 꼭 해야 하는지, 어떤 형식으로 통일하는 것이 좋은지, 남북문제에 대한 목표와 방법에 대한 생각은 남한 사회 내에서도 세대별로 그리고 사람마다 많이 다르다. 잠시 한발 물러서서 기성관념에 물들지 않은 사람들의 생각으로 해법을 찾아 볼 수는 없을까? 어린이 같은 마음으로, 너와 내가 같이 살려면 그래서 지금보다 더 나은 나라를 만들려면 우린 지금 무슨 일을 해야 할지, 그 일을 놀이하듯이 할 수는 없을까?

역사적인 날을 타국에서 보내는 것은 특이한 경험이다. 물리적으로 떨어져 있어 그날의 감격을 같이 하지 못했지만 그래도 좋았다. 다른 나라 사람의 시각에서 남북문제를 볼 수 있었고, 내가 감격해 하는 일도 남들에겐 그저 한건의 뉴스일 뿐이라는 현실감도 되찾았다. 세상만사, 좋은 면과 그렇지 않은 면이 같이 있다. 남북문제도 마찬가지다. 우리하기 나름이고 마음먹기 나름이다.

남북관계는 2000년 6.15 선언을 기점으로 활기를 띠다가 보수적인 두 대통령 집권기간 10년 동안 소강상태를 보였다. 이번 판문점 선언은 10년의 공백을 회복하는 출발이다. 이를 계기로 남북관계가 회복되길 기원한다. 공원에서 뛰노는 아이들 같은 마음에서 다시 출발하면 좋겠다.

(2018. 6.)

판문점 선언 중에서

양 정상은 냉전의 산물인 오랜 분단과 대결을 하루 빨리 종식시키고 민족적 화해와 평화번영의 새로운 시대를 과감하게 열어나가며 남북관계를 보다 적극적으로 개선하고 발전시켜 나가야 한다는 확고한 의지를 담아 역사의 땅 판문점에서 다음과 같이 선언하였다.

1. 남과 북은 남북관계의 전면적이며 획기적인 개선과 발전을 이룩함으로써 끊어진 민족의 혈맥을 잇고 공동번영과 자주통일의 미래를 앞당겨나갈 것이다.

2. 남과 북은 한반도에서 첨예한 군사적 긴장상태를 완화하고 전쟁 위험을 실질적으로 해소하기 위하여 공동으로 노력해나갈 것이다.

3. 남과 북은 한반도의 항구적이며 공고한 평화체제 구축을 위하여 적극 협력해 나갈 것이다.

평양에서 보낸 하루

"

에세이는 과거나 현재의 일을 소재로 한다. 처음에는 나도 그렇게 에세이를 썼다. 어느 순간 미래를 꿈꾸기 시작했다. 남북 주민이 만들어갈 통일은 미래의 일이다. 그 미래를 상상하고, 그때 일어날 일을 미리 상상해 보았다. 법률분야에서도 여러 가지 변화가 예상된다. 북한지도를 보면서 낯선 도시를 찾았고, 철도노선 따라 평양으로, 청진으로 여행갈 그날을 꿈꾸었다. 이 장에서는 미래이야기를 모았다.

"

평양에서 재판하는 날[1]

평양행 고속열차에서[2]

아침 일찍 일어났다. 서울역에서 평양행 고속열차를 타야하기 때문이다. 이날 오후에는 평양상사중재원에서 열리는 중재심리에 참석한다. 나는 중재인 3명 중 한 명이고, 두 중재인의 추천으로 의장 중재인이 되었다. 이날 점심은 중재인들 셋이서 같이 먹기로 했다. 중재원 직원으로부터 옥류관 식당에 예약했다는 문자메시지를 받았다. 옥류관은 평양에 갈 때마다 들르는 대동강변의 대형 식당이다.

고속열차 안에서 재판자료를 보다가 잠시 눈을 감았다. 지난 10년간의 변화가 파노라마처럼 흘러갔다. 2019년까지만 해도 남북한 주민 사이에 분쟁이 발생하면 해결할 방법이 마땅치 않았다. 그 분쟁을 어느 쪽 법정에서 진행할지, 남북한 어느 쪽 법을 적용하며, 재판은 누가 진행할 것인지... 정해진 것이 거의 없었기 때문이다. 남북은 1991년 남북기본합의서, 2000년 남북 상사분쟁해결절차합의서를 체결하고, 후속절차로 2003년 10월 남북상사중재위원회 합의서, 2013년 9월 부속합의서까지 여러 합의서를 체결하였지만 정치적인 이유로 중재재판은 열리지 않았다.

그렇게 시간이 흘러가다가 어느 날 갑자기 분위기가 확 바뀌었다. 남북한 양측에서 실용적인 정치를 추구하는 정치인들이 나타나고 교류협력이 일상화되면서 더 이상 분쟁해결을 미룰 수 없다는 여론이 형성되었다. 지금은 평양에 체류하는 남한 주민이 수천 명에 이르고, 마찬가

---

1) 이강범 외, 『남북교류협력 새로운 길을 찾다』, 피엔에이월드, 2021에 게재한 글이다.
2) 이 글은 미래를 상상하며 쓴 이야기다. 남북교류가 자유로운 시기에 일어날 나의 이야기다. 이런 날이 곧 오기를 소망한다.

지로 서울에 체류하는 북한 주민도 수천 명이다. 평양에 체류하는 남한 주민은 기업인이 대부분이지만 공무원과 학생까지 다양하다. 사람이 섞이고 자본이 오고 가면서 경제활동이 일어나자 각종 분쟁도 그에 비례하여 증가하기 시작했다. 남북한 당국은 분쟁해결방법을 찾던 중 중재재판을 적극 이용하기로 합의했다. 중재는 재판절차에 비해 절차가 간단하고 해결방안이 다양하다는 장점이 있다.

남북이 서로 합의한 중재절차는 중재인구성에서 남한과 북한측 당사자들이 중재인을 각 한 명씩 선정하고, 두 명의 중재인이 합의하여 추천하는 제3의 사람이 의장 중재인이 되는 구조다. 의장 중재인은 남북한 법제도를 오랫동안 연구한 원로들로 구성된 중재인 풀에서 선정하는 것이 관행이었다. 나는 남한의 북한법학회 추천으로 의장 중재인 풀에 포함되었다. 중재재판이 시작된 지는 제법 되었지만 내가 의장 중재인으로 재판을 진행하기는 처음이다. 나와 같이 재판을 진행할 두 명의 중재인은 남한의 50대 교수와 북한의 40대 변호사다. 중재인들끼리는 사전에 사건의 처리방향에 대한 검토회의를 몇 차례 하면서 인사를 나누었다. 대학에서 강의하는 남한 중재인과 평양 고려법률사무소에서 일하는 북한 중재인은 평소 하는 일이 다르고 성장환경이나 사용하는 말이 달라 처음에는 대화가 어려웠지만 법률적인 문제는 성실히 토론했다. 대부분은 의견이 일치했지만 간혹 서로 의견이 다를 때는 시간을 두고 더 생각해 본 후 다시 논의하기도 했다.

이날 중재재판절차에서 심리할 사건은 3건이다.

첫 사건은 임가공비 청구사건. 서울의 의류회사가 평양의 의류가공업체에게 계절상품인 수영복 임가공을 의뢰했는데, 평양회사가 납기를 맞추지 못했다. 서울 회사는 계절상품은 납기가 지나면 가치가 급격히 감소하는 특성이 있으므로 임가공비를 지급할 수 없다는 주장이고, 평양회사는 예상치 못한 수해로 인해 공장이 침수되는 바람에 일주일 늦어진 것인데, 그런 사정은 자기들도 어쩔 수 없는 자연재해로 인한 것이니 임가공비를 일부라도 지급해 달라는 요청이었다. 중재인들끼리 진행한 사전회의에서는 양측의 사정과 일주일 지연으로 인한 서울회사의 손해규모를 객관적으로 확인한 후에 쌍방의 주장을 적절한 선에서 합의시키자고 의논하였다.

두 번째 사건은 교통사고로 인한 손해배상 사건. 서울주민이 평양지사에 근무하면서 출퇴근길에 자전거를 이용하였는데, 어느 날 출근시간에 급한 마음에 앞서 가던 자전거를 추월하려다가 그만 앞서 가던 자전거와 충돌하여 북한 주민이 다쳤다. 서울주민은 남한의 도로교통법에 따라 앞서 가던 자전거의 좌측으로 추월을 시도했기 때문에 잘못이 없다고 생각했으나, 앞서 자전거를 타고 가던 북한 주민은 자전거도로에선 추월이 허용되지 않는데도 추월을 시도한 것은 잘못이라고 주장했다. 사전회의에서 양측의 도로교통법을 검토해 보았더니, 양측의 주장이 모두 맞았다. 도로교통법상 추월 여부에 대한 남북한의 기준이 서로 달랐던 것이다. 중재인들 사이에 이런 경우에 어느 쪽 도로교통법을 적용해야 하는지 논란이 있었다. 사고장소가 북한인만큼 북한법을 기준으로 해야 한다는 주장과 남한 주민이 사고를 낸 것이므로 남한법을 기준으로 해야 한다는 주장이 맞섰다. 양측 대리인들이 제출한 서면도 각자 자신의 주장에 부합하는 이론을 들고 나왔다. 행정형법의 적용문제는 어려운 쟁점이 많다. 다수의 학설은 속지주의가 기본이지만 사정에 따라서는 속인주의를 적용해야 한다는 견해도 있다. 중재인들은 속지주의를 고집하지 않고 사안별로 입법취지를 존중해서 개별적으로 판단하자는 견해도 존중하기로 했다. 이 사건은 오늘 첫 재판에서 결론이 나지 않을 수도 있을 것 같다. 만일 양측 당사자의 주장이 평행선을 달릴 경우에는 재판소가 전문가 증인을 채택해서 물어보기로 합의했다.

마지막 사건은 가족사건. 북한에서 혼인한 부부가 중국을 오가면서 사업을 하던 중에 아내가 탈북하여 남한에 정착했다. 그 일은 15년 전이었다. 그때 남한으로 간 아내는 혼자 살기에 힘들어 하던 중 직장 동료인 남한 주민과 사귀게 되었다. 그 당시로선 북한에 남은 남편을 언제 다시 만날 수 있을지 알 수 없는 상황이라 아내는 북한 남편과는 이혼하고 남한에서 새로 결혼하기로 마음먹었다. 당시 남한의 법률은 이런 경우에 이혼소송을 제기할 수 있도록 허용했고, 공시송달이라는 제도를 통해 남한 법원은 형식적인 재판을 하고 이혼판결을 했다. 아내는 그런 제도를 거쳐 북한 남편과 이혼하고 남한 주민과 결혼했다. 그렇게 산지가 벌써 5년이 되었다. 둘 사이에는 아이도 하나 두었다. 그런데 교류협력이 자유롭게 되자 북한에서 혼자 살던 남편이 아내를 찾게 되었고, 몇 년간 노력한 끝에 남한 주민과 살고 있는 것을 알게 되었다. 북한 남편은 아내가 남한에서 한 결혼이 무효라고 주장하며 남한의 배우자를 상대로 위자료를 청구했다. 남북한 모두 중혼은 무효라는 제도를 선택하고 있으므로, 만일 남한법원의 이혼판결이 무효라면 아내는 중혼에 해당하게 된다. 아내의 주장은 이혼 소송을 청구할 당시는 북한 남편을 언제 만날 수 있을지 알 수 없는 사정이 있었고, 남한 법률에서 이혼소송을 허용했기 때문에 자신의 이혼은 유효하다고 주장했다. 아내와 결혼한 남한 주민은 자신은 법원의 이혼판결이 정당한 것이라 믿고 결혼한 것이므로 중혼이 될 수 없다고 주장했다. 가장 답답한 것은 북한 남편이었다. 자신은 아내를 생각하면서 혼자 살다가 드디어 만나게 되었는데, 그 아내가 남한 주민과 결혼해서 살고 있는 것을 알고는 이런 상황을 만든 제도를 탓하게 되었다. 그는 남한 법원에서 혼인의 한쪽 당사자인 자신의 의견을 묻지도 않은 채 이혼판결을 한 것을 용납할 수 없었다. 당시 남한 법률에서 그런 제도를 두었다고 하지만 북한에 살던 자신은 그런 제도가 있는지도 몰랐다.

처음에 이 사연을 듣고는 기가 막혔다. 누구를 탓할 수 있을까 싶었다. 당시 남한은 북한이탈주민을 도와주려는 의도에서 이혼이 가능하다는 법률을 만들었지만 교류협력이 활발해지는 쪽으로 상황이 변하자 과거의 법률이 혼란의 원인이 된 것이다. 차라리 그런 법률을 만들지 않았더라면 이혼은 없었을 것인데…, 하지만 이제 와서 누구를 탓하랴, 중재인들도 이 문제를 해결할 뾰족한 묘수가 없었다. 아내는 북한의 남편이나 남한의 배우자 어느 쪽도 헤어지고 싶지 않았다. 중재인 회의에선 차라리 당사자들의 뜻에 따라 세 사람이 원하는 방식으로 살 수 있는 제3의 길을 열어주면 어떠냐는 논의까지 나왔지만 일부일처제를 유지하고 있는 남북한 법률상 허용할 수 없다. 그렇다고 당사자들에게 국가를 상대로 손해배상을 청구하라고 권할 수도 없다. 국가배상을 청구할 경우에도 도대체 누가 원고가 되어야 하는가? 3명이 모두 원고가 되어야 하는가? 국가는 이들에게 무슨 책임을 져야 하는가? 답변이 쉽지 않는 질문이다.

어젯밤에도 이 사건의 해결방안을 고민하다가 잠을 설쳤다. 잠깐 눈을 붙이는 사이에 곧 평양역에 도착한다는 안내 방송이 나왔다. 가방을 챙겨 밖으로 나오자, 저만치 마중 나온 중재재판소 직원이 손을 흔들고 있다는 모습이 보인다.

평양에 도착하여

서울역에서 9시에 출발하는 고속열차를 탄 덕분에 평양역에 도착한 시간은 오전 11시, 시간은 넉넉하다. 평양중재재판소[3] 직원의 안내에 따라 평양역에서 대동강변의 옥류관으로 이동한다. 시내 곳곳에서 공사

---

3) 남북한 사이에 2000년 12월 상사분쟁해결절차합의서가 체결되었으나, 지금까지 중재재판이 열린 적이 없다. 이 글은 재판이 열리는 미래를 상상하고 쓴 글이다. 필자는 남측이 선정한 30명 중재인 명부에 포함되어 있어, 실제로 중재재판이 열릴 경우에는 재판에 참석할 가능성이 있다. 중재판정부는 중재인 3인으로 구성되는데 그중 한 명이 의장중재인이 된다.

가 진행 중이고, 남한에서 생산된 자동차가 자주 보인다. 도심을 걷는 사람들의 걸음이 빠르고 차량통행도 많아 도시가 활기차다. 남북교류가 일상화된 수년 전부터 평양은 급속히 변하는 중이다. 돌이켜 보아도 그때 남북기본협정을 체결한 것은 참 잘한 일이었다. 기본협정에서 남과 북은 서로 주권국가임을 인정하고 교류협력을 전면화하기로 합의했고 양측 국회의 동의를 받았다. 후속 절차로 남북교류협력법을 전면 개정하여 과거의 포지티브 시스템(승인받은 사업만 가능)을 네거티브 시스템(금지된 것 이외에는 모두 가능)으로 전환하였다. 이제는 북한을 방문하거나 북한에서 사업하기 위해 정부의 승인을 받을 필요가 없다. 그냥 왕래하면 된다. 제도 변경 초기에는 여러 가지 이유로 걱정하는 사람도 있었지만 첨단정보통신망을 통해 대부분의 문제가 해결되었다. 막상 전면적인 교류가 시작되고 나자 마치 오래전부터 그랬던 것처럼, 또 너무나 당연한 일이었던 것처럼 남북왕래가 자연스럽다. 한 가지 아쉬운 것은 대규모 이동을 막기 위해 남북을 오가는 인원이 제한되고 있는 것뿐이다.

나는 평양중재재판소 중재인이기 때문에 상시방문증이 있어 언제든지 북한을 방문할 수 있다. 지난달에는 북한법학회 회원들과 2박 3일 일정으로 평양 여행을 했는데, 일행들은 여행사가 배정받은 인원제한 때문에 여행사와 일정을 협의해야 했지만 여행기간 중에는 아무런 불편이 없었다. 남한에서 북한을 여행하는 사람은 미리 북한방문증을 받고 기차 탑승시에 방문증 확인 절차를 거치면 되고 북한 내에서는 아무런 제한이 없이 마음대로 다닐 수 있다. 처음엔 그런 자연스러움이 오히려 이상했다. 이렇게 마음대로 다녀도 되는가, 이렇게 자유롭게 다닐 수 있는 곳을 70여 년 동안 꿈도 꾸어보지 못했단 말인가, 그 많던 이산가족은 대부분 꿈을 이루지 못하고 돌아가셨는데 그분들의 한은 어떻게 풀어드린단 말인가, 걱정과 아쉬움을 품은 채 여행기간 저녁마다 대동강 맥주를 마시며 일행들과 했던 말이다.

식당에서 북측 중재인 김 변호사와 남측 중재인 송 교수를 만나 인사를 나누었다. 화상회의는 여러 번 했지만 3자 대면은 처음이다. 냉면을 한 그릇 먹고 후식을 먹는 시간, 김 변호사가 말을 꺼냈다.

"남측은 외래어 사용이 어찌 그리 많습네까? 남측이 제출한 서면을 보는데 처음엔 무슨 말인지 몰라 당황했습네다. 노동자들이 '하이 퀄리티 니트'가 무슨 말인지 이해할 수 있겠어요."

송교수도 그 말에 동감했다.

"저도 의류회사 사건을 보면서 무슨 말인지 이해하는데 애로가 있었습니다. 의류산업 특유의 말도 있고, 공장에서 사용하는 용어도 있어 의류업계 경험이 있는 친구에게 따로 자문 받았습니다."

"아 그렇군요, 남측 분들이라고 해서 다 아는 것은 아니었군요. 우리 북측에서는 '외래어 · 잡탕말'이 아닌 '민족어 · 평양문화어'를 사용하자는 건전한 언어생활을 강조하고 있습네다."

김 변호사는 북측의 분위기를 설명하면서, 북에서는 언어생활에서 주체성과 민족성을 고수하며, 주체성과 민족성을 철저히 지켜야 퇴폐적이며 반동적인 사상문화의 침습을 막고 사상진지를 고수할 수 있다고 했다.

내가 물었다.

"그러면 북측 주민들은 당국의 언어생활 지시에 충실히 따릅니까?"

"꼭 그런 것은 아닙니다. 특히 젊은 세대는 외래어를 많이 사용합니다. 저도 10살 이상 차이나는 젊은이의 말은 이해하지 못하는 경우가 제법 있습니다. 외래어뿐만 아니라 줄인 말을 사용하는데 당최 무슨 말인지 몰라서 되묻는 경우도 자주 있습니다."

언어사용은 남북교류 초기부터 문제였다. 북측의 표준어인 문화어는 평양말이라 서울말을 표준어로 삼는 남측과 표준어 자체가 다른데다가 평양문화어는 사회주의 이념이 반영되어 있어 같은 말이라도 자본주의 사회의 언어와 뜻이 다른 경우가 있다. 북측에서 '일없습네다'라는 말은 괜찮다는 말인데 처음에는 나를 무시하는 말인 줄 오해하기도 했다.

오늘 중재재판에서 첫 번째로 다룰 의류납품지연 사건은 비교적 간단하다. 남측이 임가공을 의뢰한 제품이 납기 내에 완성되지 않아 계절상품인 의류를 제때 판매하지 못해 손해를 보았다는 것이 남측 청구의 요지이고, 북측의 답변은 장마철 폭우로 인해 공장이 침수되는 바람에 납기가 지연된 것이니 천재지변을 감안해 달라는 것이다. 계약서에 천재지변을 예상한 조항이 없는 사건이라 북측이 손해를 배상하되 사정을 고려하여 손해액을 조정하면 될 것이라 여기고 있었는데, 김 변호사가 미리 말씀드릴 것이 있다고 한다. 재판대상인 북측 공장은 모범공장이므로 거기에 맞춘 배려가 필요하다고 한다. 처음엔 무슨 말인지 이해하지 못했다. 모범공장이라니... 한참 설명을 듣고서야 겨우 이해했다.

북측 의류제조공장은 '정춘실 공장'인데 이 공장의 이름이 된 정춘실은 모범적인 작업수행으로 '따라 배우기의 모범'이 된 노력영웅이다. 북한에선 긍정적 모범 사례를 찾은 후 이를 따라 배우자는 운동을 한다. 이런 긍정감화교양은 대중 속에서 창조되는 모범적인 사실들을 따라 배우게 함으로써 사람들을 개조하려는 사상교양방법이다. 북한은 모범공장의 성과를 홍보에 활용한다. 그런데 그런 모범 공장이 남측과 분쟁을 하게 되고 손해를 물어주게 되면 망신스럽다는 것이다. 북측 입장은 이해할 수 있지만 그것이 재판에 영향을 미친다는 것은 납득하기 어려웠다. 이 사건은 법률적으로는 부득이한 사유로 인한 계약위반의 문제일 뿐이다.

송교수가 의견을 제시했다.

"이 사건에서 법과 계약의 원칙을 지키는 것이 북측에게도 도움이 됩니다. 모범공장조차도 남측과 체결한 계약을 성실히 지키고 손해가 발생하면 배상을 성심껏 했다는 판정을 남기는 것이 북측을 위해서도 좋습니다. 그래야만 장래에도 계속 투자가 이루어질 것이기 때문입니다. 만일 이번에 모범공장이라고 손해배상에 예외를 둔다면 남측 투자자들은 모범공장과 계약하기를 꺼릴 것입니다."

김 변호사는 아무런 말이 없었다. 송교수의 말에 반박할 마땅한 논리가 떠오르지 않는 것 같았다. 내가 끼어들었다.

"자, 이제 그만 일어납시다. 평양재판소 법정이 어떻게 생겼는지도 미리 살펴보고, 재판준비 상황도 마지막으로 점검합시다. 두 분 이야기는 모두 일리가 있습니다. 그런 점까지 고려해서 사건 당사자의 이야기를 경청한 후 중재인들끼리 합의를 합시다."

일행이 탄 차량이 평양중재재판소에 들어섰다. 마당에는 북한 인공기와 남한 태극기가 나란히 게양되어 있다. 남북합의에 따라 남북교류기관에는 두 나라 깃발을 같이 게양한다.

"위원장님, 저녁은 어디로 예약할까요? 대동강 수산물시장 어떠실까요?" 직원이 묻는다.

"두 분은 어떠신가요?" 뒤돌아 보면서 내가 물었다.

뒤 따라 오던 두 중재인들도 좋은 듯 서로 쳐다보며 웃는다.

중재재판소에서

평양중재재판소 법정은 30여 개의 좌석이 배치된 중간 규모다. 오늘은 3건의 재판을 순차로 진행할 예정이다. 첫 사건인 의류납품지연 사건을 마치고 잠시 쉬었다가 두 번째 자전거 사고 사건을 시작했다. 사안은 간단하다. 평양에 거주하는 남한 주민이 자전거를 타고 대동강변의 자전거 전용도로를 달리던 중 북한 주민을 추월하다가 충돌하였고 그로 인해 북한 주민이 다친 사건이다. 보험으로 치료비는 모두 지급했지만 남한 주민과 보험회사 간에 구상권 분쟁이 생겼다. 남한 주민이 가입한 보험약관에 의하면, 사고발생에 법위반이 있으면 배상액을 1/2

로 감액한다는 내용이 있어 책임을 묻는 근거법을 남북한 어느 법을 따를지가 문제된 사건이다.

남한 주민은 자전거 전용도로에서 앞서 가던 자전거를 추월한 것은 남한 도로교통법상 허용되는 것이라 했고 보험회사는 북한 도로교통법상 자전거도로에서는 추월이 금지되기 때문에 법위반이라고 했다. 남한 주민의 법위반이 인정되는지 여부에 따라 남한주민과 보험회사 간에 구상 범위가 달라지게 된다. 남한주민은 자신과 보험회사 사이에는 남한법이 적용되어야 한다는 주장을 굽히지 않았다.

재판 과정에서 쌍방 대리인들이 법리주장을 하면서 이 사건에서 남북한 어느 법을 적용해야 하는지가 문제되었다. 선례가 없는 분쟁이라 쌍방 대리인의 주장을 듣고 의견이 다른 부분의 근거를 되묻는 방식으로 1시간 이상 진행하였다. 선례적 가치가 있는 사건이라 쉽게 타협안을 제기하기도 어려웠다.

재판과정에서 남북한 도로교통법이 서로 다른 이유에 대한 주장이 있었다. 남한에선 효율성을 중시하는 문화에 따라 추월하여 빨리 가도 되지만 추월할 때는 주위를 잘 살필 의무가 있고, 앞서 달리는 사람도 누군가 추월할 수 있으므로 뒤에서 오는 자전거도 유의해야 한다는 이유로 법에서 추월을 허용한 것 같고, 반면에 북한 법은 자전거도로에서는 순서대로 가면 되는 것이지 빨리 갈 이유가 없고, 나라에서 법으로 추월금지라고 정했으면 지켜야지 바쁘다고 함부로 빨리 가면 안 된다는 이유인 것 같다. 남북한 주민의 사회생활에 대한 생각 차이가 법에도 달리 반영된 사례다.

수년전부터 남한주민이 평양에 거주하기 시작하면서 여러 가지 문제가 생기고 있지만 이런 문제를 해결할 기준이 모두 마련된 것은 아니다. 앞으로 평양 도심은 더욱 붐비게 될 터이고, 통행량이 증가하면 변화된 현실에 맞추어 법과 규정을 정비할 것이다. 법과 규정대로 하면

된다고 쉽게 말할 수도 있지만, 남한 주민이 남한에서 보험가입한 차를 평양에서 운전하다가 사고가 나면 어떻게 할 것인지, 법위반에 대한 남북한의 기준이 다르면 어떻게 할 것인지를 세밀히 규정하기도 쉽지 않다. 사람이 이동하여 살다보면 사건과 사고가 생기기 마련인데 그때마다 하나씩 규정을 정비하게 되겠지만 그 사이에 끼어 발생한 사건은 중재재판소가 나설 수밖에 없을 것 같다는 생각을 했다.

세 번째 사건은 더욱 힘들었다. 북한에서 혼인한 부부가 있었는데, 15년 전에 부인이 탈북하여 남한으로 입국하였다. 당시 상황으로 보아 북한에 사는 남편을 다시 만날 수 있을지 알 수 없던 처지에서 부인은 남한 남자를 만나 혼인하였다. 당시 부인은 이미 혼인한 사이였기 때문에 먼저 남한 법에 따라 이혼소송을 제기하여 법원 판결로 이혼하였다. 당시 남한 법은 북한남편에 대한 연락이 어렵다는 현실을 고려하여 일방 당사자의 소송제기만으로 이혼을 허락하였다. 그 이후 시간이 흘러 남북교류가 활성화되자 북한 남편은 아내를 찾게 되었고, 남한에서 다시 혼인한 것을 알게 되었다. 북한 남편은 남한 남자를 상대로 아내의 후속 혼인이 무효라는 것을 확인하고 자신이 입은 정신적 손해에 대해 위자료를 지급하라는 청구를 하였다. 오늘 재판에는 아내가 참고인으로 출석하였다. 남한 남편은 아내가 이혼 소송을 청구할 당시는 남북교류를 예상하기 어려웠고, 그 당시 남한 법률에서 이혼소송을 허용했기 때문에 아내의 이혼은 유효하다고 주장하면서 자신은 법원의 이혼판결이 정당한 것이라 믿고 결혼한 것이므로 중혼이 될 수 없다고 주장했다. 아내는 자신을 기다린 북한 남편에게 미안한 일이고 아무 잘못도 없는 남한 남편과 헤어질 수도 없다고 하면서 울었다. 가장 답답한 것은 북한 남편이었다. 자신은 아내를 생각하면서 혼자 살다가 드디어 만나게 되었는데, 그 아내가 남한에서 다시 혼인한 것을 알고는 이런 상황을 만든 제도를 탓하게 되었다.

재판과정에서 당시 남한이 탈북주민 한 쪽의 신청만으로 이혼이 가능하도록 허용한 법제도가 잘못인지, 만일 법제도에 문제가 있다면 남한 정부가 어떤 책임을 져야 하는지, 참고할 선례가 있는지를 논의했다. 중재인들은 북한 남편의 처지가 억울하다는 데에는 의견이 일치했지만 남한 정부나 남한 남편에게 책임을 지울 수 있는지는 합의하지 못했다. 이 사건은 한 번의 재판으로 결론을 내리기는 어려운 문제라 다시 한 번 더 재판을 하기로 했다. 한 여자와 두 남자가 서로의 처지를 위로하면서 법정을 나서는 모습에 가슴이 답답했다. 이 재판이 저 세 사람에게 무슨 도움을 줄 수 있을지 생각해 보았지만 마땅히 떠오르는 답이 없다.

예상보다 재판이 늦어져 중재인 3명이 대동강 변에 있는 대동강 수산물식당에 들어갔을 때는 7시가 훌쩍 넘었다. 이곳은 2018년 문재인 대통령이 만찬을 한 곳으로 유명하다. 당시 문 대통령은 자신이 식사를 할 2층의 '민족료리식사실'로 가면서 '초밥식사실'에서 식사 중인 북한 일반 주민 테이블을 찾아가 인사를 했다. 북한 주민은 남한 대통령의 인사에 깜짝 놀라 자리에서 일어나 박수로 환영했다. 대동강 수산물식당은 고급 어족과 실내 낚시터를 갖춘 곳으로 김정은 위원장이 '인민봉사기지'라고 부르며 관심을 쏟은 곳이다.

재판이 늦어지고 말을 많이 한 탓에 지쳤다. 지금은 시원한 맥주를 마시고 싶은 생각뿐이다. 재판소 직원의 안내에 따라 2층 가족식사실로 들어갔다. 식탁에 앉아 메뉴판을 보고 있는데, 여성복무원이 식사 주문하라고 한다. 복무원이 내 옆에 서 있는 것을 보니 여성보다는 연장자를 대우하는 것 같다. 메뉴판을 넘겨보아도 잘 모르는 음식이다. 철갑상어 회, 잉어초밥, 도미초밥, 남새합성... 메뉴판을 몇 장 더 넘기자 대동강 맥주가 눈에 띈다. 맞은편에 앉은 조정위원들에게 말했다. 음식은 두 분이 정하시고 나는 음료를 정하지요. 대동강 맥주 어떤가요?

(2020. 12.)

평양에서 보낸 하루[1]

– 만약 평양에서 남북 변호사대회가 열리고, 내가 그 행사에 참석한다면

2030년 가을 오전 10시, 평양 조선중앙변호사협회 회관

조선중앙변호사협회 회관 내 대형 회의실, 정면 벽에 '환영 제2차 북남 변호사 대화 행사', '공동주최: 조선중앙변호사협회, 대한변호사협회'라 기재된 플래카드가 붙었다. 행사가 시작되고, 조선중앙변호사협회 위원장이 인사말을 한다.

"지난여름 서울에서 북남의 변호사들이 서로 교류하는 1차 행사가 성대히 개최되었습니다. 그때 저희 북측 변호사를 따뜻하게 맞아준 남측 대한변호사협회 분들에게 감사 인사 드립니다. 그때 의논한 바에 따라 이번 행사는 평양에서 1 : 1 대화 위주로 진행하겠습니다. 북남의 변호사들 중 대화에 참석하기를 희망하는 분들을 20여 명씩 선정하고, 그들의 명단을 상대방에게 전달하여 대화상대방을 자발적으로 고르도록 했습니다. 변호사 경험이 많은 남측 분들을 만나겠다는 북측 변호사들이 많아서 경합이 되기도 했지만 주최 측에서 적절히 조정하였습니다. 오늘 개별 대화를 나누고, 미진한 부분은 내일 전체 인원이 참석하는 종합 대화 시간을 이용하기로 했습니다. 오늘 남측에서 오신 스무 분은 30대부터 60대까지 다양한 연령입니다. 우리 북측의 변호사 시장이 궁금해서 오신 분도 있고, 북측의 변호사에게 경험을 전수해 주기 위해 오신 분도 있으신 것 같습니다. 참석하신 모든 분들을 환영하며, 2박 3일간의 이번 행사기간 동안 평양의 가을을 마음껏 즐기시길 바랍니다. 감사합니다."

---

1) 문학잡지 「에픽」 다산북스, 2022. 7~9호(#8)에 게재한 글이다.

이어서 남측 대표로 참석한 내가 답사를 했다.

"행사를 주관하신 조선중앙변호사협회 위원장님, 협찬을 해 주신 조선민주법률가협회 위원장님과 관계자 여러분, 저희 남측 변호사들을 따뜻하게 맞아주셔서 감사합니다. 어제 저녁의 환영만찬은 즐거웠습니다. 남북의 변호사들이 대동강변의 옥류관에 서로 모여 앉아 음식을 나누었다는 사실이 꿈만 같습니다.

저는 평양을 방문한 경험이 여러 번이지만 일행 중에는 처음 방문한 분이 대부분입니다. 처음에는 다소 긴장한 모습이던 남측 변호사들이 오늘 아침 호텔 부근을 산책하고 북측 인민들과 가벼운 대화를 나누면서 표정이 밝아지는 것을 보았습니다. 지리적으로 그리 멀지 않은 서울과 평양의 거리를 그동안 남북의 변호사들은 멀게 느꼈던 것 같습니다. 이번 행사를 통해 남북의 변호사들이 경험을 공유하고 상호 협력하기를 희망합니다. 아직 상대지역에서 변호사로 활동하는 것이 금지되어 있지만 장차 자문형태의 진출이 가능할 수도 있겠습니다. 그렇게 되려면 상대지역의 법제도와 운영실태를 잘 알아야 합니다. 남측 변호사들이 이곳 평양에서 남측기업의 법률문제를 자문할 수도 있고, 마찬가지로 북측 변호사들도 서울이나 부산에 진출한 북측 기업의 활동을 지원할 수 있을 것입니다. 이제 출발점에 선 우리들이 힘을 합쳐 새로운 대화문화를 만들어 나갑시다. 감사합니다."

기념 촬영을 비롯해 준비된 행사를 모두 마치고 미리 조직된 표에 따라 남북의 변호사들은 1:1 대화를 시작했다. 소규모 회의실과 대형 회의실 곳곳에 흩어져 앉았다. 더러는 날씨도 좋은데 밖에서 대화하자며 정원으로 나가기도 했다. 점심시간까지는 각자 자유롭게 대화하는 일정이다. 나는 북측의 30대 여자 변호사와 만나기로 예정되었다. 따로 배정된 방에서 명함을 주고받으며 인사를 나누었다.

"반갑습니다. 저는 서울에서 온 권변호사입니다."

"선생님 평양에 오신 걸 환영합니다. 저는 평양의 룡남산법률사무소에서 일하는 홍 변호사입니다. 저희 사무소는 기관·기업과 법률대리계약을 맺어 법률상담·재산분쟁 변호 등 업무를 처리하고, 국제중재 업무도 수행하는 로펌입니다만, 남측에 비해선 규모가 작은 편입니다. 대표단 단장님과 짝이 되어 영광입니다. 저는 변호사 경력이 일천한데, 수십 년 경력의 원로 변호사님을 만나게 되어 기쁩니다. 오늘 많이 배우겠습니다."

"저도 기쁩니다. 제가 북한법을 연구한지 30년이 되었는데, 이제야 북한 변호사와 허심탄회한 대화를 하게 되었네요. 평소 제가 궁금하던 것을 물어볼 수 있다는 생각만으로도 감회가 깊습니다."

홍 변호사는 여러 가지 질문을 했다. 변호사는 어떤 자세로 일해야 하는지, 전문성을 기르기 위해서는 어떤 공부를 해야 하는지, 남측에서는 변호사 업무로 평생 먹고 사는 데 지장이 없는지, 외국 유학은 어디로 가면 좋을지, 서울에 있는 변호사 사무실에서 경험을 쌓을 기회가 있는지 등 질문을 쏟아냈다. 지금까지 북한의 변호사는 변호사협회에 소속되어 협회가 배정해 주는 일을 하고 협회로부터 급여를 받았다. 형사재판에선 남측의 국선 변호사와 비슷한 역할을 했고, 민사 재판에서는 주로 이혼사건을 맡아 변론했다. 급여는 적은 편이었지만 이혼사건 의뢰인이 뒷돈을 주는 경우가 제법 있어 생활하기는 괜찮은 편이었다. 그런데 최근 북한 당국이 변호사의 역할을 재인식하고 변호사가 자유롭게 사건을 수임할 수 있도록 허용하면서 북측 변호사들도 고민이 많아진 것 같았다.

사전에 서로 관심 있는 사항을 정리해서 주고받았지만 그 자료에 포함되지 않은 질문도 여럿 있었다. 나는 내 경험에 따라 하나씩 답변했다. 홍 변호사는 고개를 끄덕이기도 하고 수첩에 메모하기도 했다. 더러는 설명이 잘 납득되지 않는지 고개를 갸웃거리기도 했다. 서로가 살아온 환경이 달랐던 터라 잠깐의 대화로 궁금증을 다 해소하기는 어렵겠다는 생각도 했다.

　나도 궁금한 것을 물었다. 북한에서 변호사가 되기 위한 교육과정은 어떤지, 법률 문서 작성 경험은 어느 정도인지, 북한의 법정에서 변론할 때 법률이나 국가정책이 잘못되었다는 주장을 자유롭게 할 수 있는지, 판사와 검사를 만나 사건을 설명할 기회가 있는지, 변호사 수입은 어느 정도인지, 앞으로 북한의 변호사 시장은 어떻게 변할 것으로 예상하는지 물었다. 홍 변호사는 자신의 경험이 많지 않다고 하면서 자기 의견과 주변의 선배들 이야기를 섞어 열심히 설명했다. 어떤 것은 수긍할 수 있었지만 어떤 부분은 납득하기 어려웠다. 특히 형사사건에서 무죄를 주장하기가 어렵다는 말은 잘 이해되지 않았고, 변호사의 보수를 사건 의뢰인이 아니라 변호사협회로부터 받았다는 설명도 이해하기 어려웠다. 최근에 와서 기업소와 직접 계약하고 자문비용을 받는 경우가 증가하고 있지만 거액의 비용을 받은 경험은 없다고 했다. 홍 변호사는 내가 북한의 변호사 보수체계에 대해 구체적으로 질문하는 것이 이상하다고 느끼는 듯 했지만 자본주의사회에서는 보수가 중요하다는 것을 조금씩 이해하는 것 같았다. 서로의 궁금증을 어느 정도 해소하는 사이에 점심시간이 되었다. 각자 대화 상대방과 함께 식당으로 이동하라는 주최 측의 연락을 받았다.

12시, 대동강변 식당

　대동강변의 평양 대동강수산물시장은 남측에도 널리 알려진 대형 식당이다. 1층에는 대형수족관이 있어 연안에서 잡힌 다양한 물고기가 헤엄치고 있고, 그 옆으로 각종 조개류와 해초류가 수북했다. 주최 측의 안내에 따라 2층으로 올라갔다. 나는 맨 앞의 주빈 석으로 안내되었다. 홍 변호사도 같은 테이블이었다. 북측 대표가 인사말을 한다. "오전에

각 방으로 다니면서 북남대화를 둘러보았습니다. 하나같이 진지하게 대화하고 있어 농담 한마디 건네기가 조심스럽더군요. 변호사들이란 관심 주제가 있으면 일로 매진하는 습성이 있어요. 자 이제 대화도 마쳤고 하니 즐겁게 식사하시기 바랍니다. 오늘은 서해에서 잡힌 오징어와 동해안의 가리비를 준비했습니다. 아 참 서울에선 오징어를 낙지라 한다더구만요. 서울식으론 낙지탕, 낙지볶음이라 해야겠군요. 백두산 들쭉술과 대동강맥주도 준비했으니 취향대로 한잔씩 쭉 내시기 바랍니다."

식사를 하면서도 대화는 이어졌다. 남북교류가 활성화되면서 북한 변호사 처우가 좋아졌다는 말이 많았다. 과거에는 판사나 검사에 비해 인기가 없고 사회적 지위도 낮았지만, 이제는 달라지고 있다고 했다. 변호사의 법정변론이 아직까지는 재판에서 큰 영향을 주지는 못하지만 기업소와 개인 의뢰가 차츰 늘어나고 있다고 했다. 북한에서 개인의 영업활동이 증가하면서 계약서 작성이 중요하다는 인식도 높아지고 있다. 조심스럽기는 하지만 정부의 조치가 법질서에 위반된다고 보일 경우 변호사들이 정식으로 항의하기도 하고, 관료들도 법규정을 들이밀면서 따지는 변호사들을 어려워한다고 한다. 조선중앙변호사협회 위원장은 협회 차원에서 회원을 보호하는 목소리를 내기 시작했지만 여전히 경험과 예산부족으로 많은 활동은 하지 못한다고 하면서 남측의 지원과 협조를 당부했다. 자존심 강한 북측 사람들로부터 지원해 달라는 요청을 받으면서 기분이 묘했다. 나는 서울에 가면 변협에서 잘 논의하고 적극적으로 지원할 테니 계속하여 서로 협조해 나가자고 대답했다.

오후 2시, 대동강변 산책길

점심식사 때 곁들인 들쭉술 두어 잔에 취기가 오른 채로 식당을 나섰다. 이날의 공식 일정은 모두 마쳤다. 오후에는 각자 평양 시내를 자유롭게 둘러보다가 저녁에 모란봉악단의 공연관람을 함께 하기로 예정되

어 있었다. 나는 슬슬 걸어서 숙소까지 가 볼까 생각했다. 홍 변호사가
뒤따라 나오면서 말을 걸었다.

"권 선생님, 일없으시면 잠깐 더 이야기 나눌 수 있을까요?"

나는 그러자고, 강변을 같이 걷자고 했다. 홍 변호사는 개인적인 고
민이 있는 것 같았다. 인민경제대학 법학과를 졸업하고 변호사시험을
거쳐 변호사가 되었지만 이 길을 계속 가야 할지 확신이 서지 않는다고
했다. 그동안 북한에서는 법 부문에서 5년 이상 근무하면 변호사 자격
이 주어졌기 때문에 변호사가 되는 것이 어렵지 않았다. 홍 변호사같이
시험을 통해 변호사가 되는 현상은 최근의 일이다. 가족관계를 물어 보
았다. 기업소에 다니는 남편이 있고 아직 자녀는 두지 않았다고 했다.
홍 변호사는 공부 욕심이 있었고, 장차 대학에서 교수가 되고 싶다고
했다. 북한에서 교수가 되려면 대학을 졸업하고 박사가 되어야 할 뿐만
아니라 당의 추천도 받아야 했다. 홍 변호사 자신은 당원도 아니고 당
의 추천을 요청할 든든한 줄도 없다고 했다. 이런 처지에서 공부를 계
속 하는 것이 좋을지 걱정이라면서, 이야기를 나눌 사람도 마땅치 않아
초면인 나에게 털어놓게 되어 죄송하다고 했다.

딸 또래의 홍 변호사 입장을 다 이해하기는 어려웠다. 서울에 사는
내 딸의 심정도 잘 모르는 처지에 처음 만난 평양 변호사를 얼마나 이
해할 수 있으랴마는, 오죽하면 내게 이런 말을 하겠는가 싶어 생각나는
대로 솔직히 답변했다. 북한 사정을 자세히 알 수 없어 내가 경험한 서
울의 변호사 생활과 간접적으로 알게 된 통일 직후 독일 변호사 생활을
섞어 말해 주었다. 통일 직후의 동독에선 모든 것이 새로 시작되면서
변호사 업무도 폭발적으로 늘어났다. 시대가 변하고 환경이 변하면 법
률도 변한다. 이제 북한도 법률에 따라 모든 일이 이루어지는 법치주의
시대가 열릴 것이다. 그러면 법률가의 역할이 더욱 중요해진다. 일이
늘어나면 수입도 늘어날 것이고, 변호사가 되려는 사람이 늘어나면 그

들을 가리키는 대학도 늘어날 것이다. 새로운 인력을 기를 자격 있는 사람이 많지 않을 것이므로 지금부터 공부하면 교수가 될 가능성도 높을 것이다. 무엇을 공부해서 학생들에게 가르쳐 줄 것인지를 잘 생각해 보아라. 홍 변호사가 배우고 싶었는데 아직 배우지 못한 것, 현재 북한에서는 제대로 가르치지 않는 분야를 전공하면 좋을 것이다. 중국이나 미국으로 유학을 가도 좋을 것이고 서울에 와서 공부하고 변호사 실무를 경험해도 좋겠다. 서울에 가면 변협에 남북 변호사 교환 프로그램을 만들도록 건의해 보겠다. 홍 변호사가 1호로 그 프로그램을 이용하면 좋겠다. 서울에 오면 자주 만나 계속 이야기를 나누자. 이런저런 이야기를 하면서 강변을 걸었다. 모퉁이를 돌자 저 멀리 고려호텔이 보인다. 홍 변호사는 호텔 앞까지 안내하겠다고 했지만 큰 길에서 헤어졌다. 혼자서 걷고 싶었다. 걷다가 가게가 나오면 기념품도 하나 살 생각이었다. 평양거리를 걸으면서 가을분위기를 즐기는 이 기분이 꿈인지 생시인지. 저쪽에서 노면 전차가 달려온다.

(2022. 6.)

평양사무소에서 1년

평양근무 마지막 주간이다.[1] 지난 1년 동안 살았던 평양을 떠난다고 생각하자 만감이 교차한다. 아침에 일어나서 창문을 열면 찬바람이 들어온다. 평양의 겨울은 서울보다 조금 빠르다. 10월인데도 아침엔 제법 쌀쌀하다. 오늘도 보통강변으로 산책하러 나선다. 가볍게 눈인사만 나누던 사람들도 보고 싶어질 것 같다. 요즘엔 내가 먼저 다가가서 말을 건넨다.

"저 다음 주에 서울로 돌아가요?"

"섭섭하네요. 서울에 가시더라도 평양에 자주 오세요."

간단한 인사지만 정이 느껴진다. 아침은 골목 입구에 있는 죽 집에서 먹는 편이다. 평양사람들도 직장생활이 바빠지고 먼 거리에서 출근하는 사람들이 늘면서 출근길에 아침을 먹는 경우가 잦다. 시내에는 여기저기 음식점 매대가 생겼다. 그곳에선 아침에는 죽이나 국수를, 저녁에는 맥주를 판다.

평양사무소 설립은 몇 년 전의 남북정상회담 합의에서 시작되었다. 나라의 통일문제는 다음 세대가 논의하더라도 당장 남북한 주민이 오고가는 문제와 사업가들의 경제 문제를 쉽게 해결하기 위해서, 그리고 또 남북한 당국 간의 수시협의를 위해서 서울과 평양에 상주대표부를 개설하기로 합의했다. 실무준비를 거쳐 지난해 가을에 평양사무소를 개설할 때 나는 이곳 근무를 신청했다. 북한연구자로서 평양에서 살아보고 싶기도 했고, 남북교류협력에 법과 제도가 도움이 되는 방법을 찾고 싶었기 때문이다. 북한의 법학자와 진지하게 토론하고 개선점을 찾

---

1) 미래를 가상하여 쓴 글이다. 남북한 사이에 한반도 평화협정을 체결하자는 논의가 진행 중인데, 그 내용 중에 남북상주대표부 설치가 포함되어 있다. 서울과 평양에 상주대표부를 설치하기 위해서는 상주대표부설치합의서 체결이 필요하다.

고 싶었다. 그런 이유로 평양사무소에 근무할 법률 연구자를 모집한다는 공고를 보고 선뜻 지원했다. 나의 북측 파트너로는 김일성종합대학 법학과의 김 교수가 배정되었다.

처음엔 모든 것이 낯설었다. 휴대폰 사용을 위해 북한 통신회사에 가입하였으나, 인터넷 사용은 제한되었다. 업무 협의차 북한공무원을 만나려 해도 사무실 방문이 쉽지 않았고 그들의 일 처리하는 방식과 속도가 남한과 달라 불편했다. 현장에서 결정되는 일이 거의 없었다. 상부의 지시를 받아야 한다거나, 윗선에서 아직 지침이 오지 않았다거나, 우리도 군의 허락을 기다리고 있다는 등... 사소한 일 하나도 바로 처리되는 것이 없었다. 답답했지만 어쩔 수 없었다. 북한공무원들에겐 현장에서 바로 결정할 권한이 없어 보였다. 바로 결정할 수 있어 보이는 일도 며칠 뜸을 들였다. 그 사이 혹시라도 남한의 불순한 의도는 없는지, 북한 사회에 미칠 부작용은 없는지 검토하는 것 같았다. 북한공무원과 몇 달 일하면서 될 일과 안 될 일은 금방 구분할 수 있었다. 가끔 가늠이 안 될 때는 북측 상대방에게 슬쩍 물어보기도 했다. 이번 사업 건은 잘 되겠지요?라고 물어보면, 그럴 것이라고, 다만 보고하는데 시간이 좀 걸린다고, 가끔은 결재권자가 지금 지방에 있어 며칠 걸린다고 알려주기도 했다.

현지 정착이 끝나자 단조로운 일상이 반복되었다. 김 교수와 매주 한 번씩 만나서 남북한 법제도의 개선방안을 논의했다. 실용적인 입장에서 문제를 찾고 법개정 방안에 합의해 당국에 건의하는 것이 주요 일과다. 출입국 절차와 중재재판 절차는 기존의 절차를 개정하는 것으로 쉽게 합의가 되었지만 장기 체류자를 어떻게 대우할 것인지는 현행법이 규정하고 있지 않아 장기 과제로 연구 중이다. 김 교수와는 식사도 같이 하고 서로의 집을 오가기도 했다. 김 교수는 수시로 내 집에 오는데 가끔은 내가 없을 때 내 물건을 함부로 사용하기에 불편한 기색을 보이기도 했다. 정작 김 교수는 내가 왜 불편해 하는지 이해하지 못하는 것 같았다. 책장의 책을 꺼내 보는 것, 주방에서 차를 끓여 마시는 것이 무슨 대수로운 일이라고 놀라느냐는 표정을 지었다. 대가족이 함께 사는 김 교수에겐 사생활보호라는 생각이 별로 없었다.

가끔 서울에서 손님이 오면 모시고 다니는 것이 주요 일과인 때도 있었다. 덕분에 평양근교의 관광지는 두루 다녔다. 모란봉, 단군왕릉, 멀리는 묘향산이나 칠보산까지 간 적도 있다. 자주 다니면서 현지에서만 맛 볼 수 있는 음식도 알게 되었다. 바닷가에서는 조개구이나 생선회를 먹고, 산에 가면 산나물 안주에 약초로 담근 술을 마셨다. 지방으로 가면 통제가 느슨해져서인지 마음이 홀가분해지고 그래서 그런지 술 맛이 더 좋았다. 지난 여름에는 서울에 사는 가족들이 여름휴가차 방문했다. 그 기회에 개마고원에 다녀왔다. 대홍단 감자밭에서 끝없이 펼쳐진 감자꽃을 보고, 두만강변에서 중국맥주와 함께 매운탕을 먹었다. 백두산 가는 길은 특이한 풍경이었다. 울창한 원시림을 지날 때는 호랑이와 곰이 나타날 것 같았고, 잠깐씩 쉴 때는 고산지대의 야생화 사진을 찍느라 즐거웠던 기억이 난다.

근무기간 1년이 다되어 이곳을 떠나려니 섭섭한 마음이 든다. 요즘엔 김 교수와 자주 만난다. 그동안의 호의에 감사의 인사를 전하고 술도 한잔 나눈다. 알고 지내던 동네 주민들과도 인사를 하는 중이다. 그동안 고마웠다고 새로 오는 후임자도 잘 대해 달라고 부탁하면서, 서울 오시면 서울시내 구경은 내가 시켜드리겠다고 약속했다. 그리곤 서로 손을 맞잡고 인사했다. 처음엔 나를 어려워하던 이웃들도 1년을 같이 살면서 나도 그들과 비슷한 사람이라고 생각하는 듯했다. 김장철에는 김치를 몇 포기 보내주기도 했고, 가족 결혼식에 초대하기도 했다. 가끔 있었던 북한 주민들과 대화가 모두 편한 것은 아니었지만 그들의 집에 초대받아 음식을 나누어 먹으면서 느낀 점이 많다. 결혼한 자녀들이 분가할 집이 없어 한 집에 모여서 사는 모습을 보고 놀랐다. 부모와 형제 둘까지 3쌍의 부부가 방 2개와 거실 하나에서 함께 사는데 사생활이 있을 수가 없었다. 그들의 살림살이를 보면서 그들과 내가 처한 환경이 다르다는 것과 사생활 존중에 대한 생각이 다를 수밖에 없다는 것도 알게 되었다.

지난 1년을 돌이켜 보면 평양사무소 근무는 참 잘 한 일이다. 남한에서 법조문 중심으로 북한 법제도를 연구하다가 이제는 남북한의 구체적 현실을 바탕으로 연구를 하게 되었다. 서울로 복귀하면 서울사무소에 근무하는 북한사람들을 만나보고 싶다. 그들도 나처럼 생각이 변했을까.

(2021. 3.)

옛날에

애야, 옛날엔 우리나라가 남북으로 쪼개진 때가 있었단다. 그런 시절이 100년쯤 이어졌을 거야. 지금 생각하면 우스운 일이지만 그땐 그렇게 사는 게 당연한줄 알았었대. 남북한 양측 사람 모두 통일하자고 말은 계속하면서도 실천은 하지 않았지. 잠깐씩 서로 만날 때도 있었지만 남북으로 흩어진 형제들과 부모 자식이 서로 만나지도 못한 채 평생을 살았단다. 심지어는 전쟁 때 헤어진 신혼부부가 수십 년 만에 노인이 되어 만났지만 며칠 만에 다시 헤어졌단다. 그때 이야기를 소재로 한 다큐멘터리 영화가 있었지. 제목이 '소야곡'이었지 싶어. 충청도에 살던 여자분 이야기인데, 신혼 초에 전쟁이 나고 남편은 북한군에 끌려갔지. 유복자를 키우며 혼자 사는 여자가 달밤에 노래를 부르던 모습이 기억나. 부부는 이산가족 상봉장에서 만났지만 같이 살지는 못했어. 그게 다행인지 어떤지는 잘 모르겠어. 사람들은 서로 헤어진 채, 소식도 모른 채 그렇게 평생을 살았네. 도대체 왜 그렇게 살았을까.

할아버지, 그런 시절이 있었다고 학교에서 배우기는 했는데, 할아버지한테 직접 들으니 새롭네요. 그렇게 살다가 다시 한 나라가 되었네요. 어떻게 그렇게 되었지요.

그 이야기를 해 볼게. 세월이 흘렀고, 남북으로 쪼개진 이유를 기억하는 사람들이 차츰 사라지고 나자 남북 양측에서 이젠 한 나라로 같이 살면 어떨까 생각하는 사람들이 늘어났지. 통일헌법을 만들자는 운동이 남북 주민들 사이에서 벌어졌어. 새로 생길 나라는 어떤 모습이 좋을까 질문을 던졌지. 여러 가지 주장이 나왔어. 다시 하나가 될 때는 예전처럼 단일국가로 하자는 제안도 있었고, 미국처럼 여러 개의 연방을 둔 연방국가로 하자는 제안도 나왔지. 연방은 몇 개로 할까도 말이 많았지만 남북한을 합하여 8개로 하기로 했어. 남한에 서울인천을 합하

여 하나, 경기강원을 합하여 둘, 부산대구경상남북도를 합하여 셋, 광
주대전전라남북도충청남북도제주도를 합하여 넷, 북한에 평양남포를
합하여 하나, 황해남북도강원도를 합하여 둘, 평안남북도자강도를 합하
여 셋, 함경남북도양강도를 합하여 넷으로 정했어. 사람들은 헌법을 만
들고 투표하면서 그동안 우리민족은 왜 서로 미워하고 싸웠는지 반성
하기도 했어. 왜 그랬는지 그 이유를 찾아가면서 계속 토론했지. 그랬
더니 별다른 이유가 없었어. 처음엔 누군가 주장한 이념이 좋다고 따랐
는데 계속 따르다가 어느 순간 그 이념이 진리라고 믿게 되었지. 그런
데 말이야. 어느 날 어린아이 마음으로 다시 보았더니 진리라고 믿었던
것이 만고불변도 아니더라구. 처음엔 맞았을지 모르겠지만 세월이 흐
른 지금은 아니었어. 사람들은 생각했지. 우리가 스스로 만든 함정에서
그만큼 고생했으면 됐다. 고통은 그동안 충분히 받았다. 이제는 정신을
차리자고 말하기 시작했지. 우리를 도와줄 사람은 우리 자신들뿐이라
는 것도 알게 되었지. 그동안의 고난이 우리들을 새롭게 한 것 같아.
뭔가 힘든 일을 하고 나면 깨닫게 되는 것 있잖아, 그런 것 같아. 통일
헌법 제정 투표는 축제였지. 남북한의 주민이 자유롭게 투표하여 헌법
을 정하고, 그 헌법에 따라 각 연방의 대표를 선출했지. 그 무렵 이 할
애비도 평양시로 이사했지. 지금 우리가 평양에 살게 된 것은 그때부터
야. 할애비 고향은 저 남쪽 경상도 경주였거든. 삼국시대 신라의 도읍
지에서 태어나서 자랐고, 조선의 도읍지 서울에서 변호사로 평생 일했
지, 말년에는 고구려와 고려의 도읍지인 평양과 개성을 오가면서 살았
어. 한반도가 좁다고 하지만 그렇지도 않아. 도읍지만 살아도 한 세월
인데, 지방 구석구석까지 다니려면 아직 멀었어. 이젠 손자인 너와 같
이 다녀야겠어.

　저도 할아버지랑 같이 여행 다니고 싶어요, 갈라진 나라가 하나로 합
쳐질 때 혼란은 없었나요?

통일 전에는 걱정이 많았지, 그런데 막상 닥치고 보자 실제로는 별 문제가 없었어. 갈라진 채로 오랜 세월을 보냈기에 통합과정에서 문제가 많을 거라고 걱정도 많이 했지. 그러다가 생각을 바꾸었지. 잘 아는 사람과 통합하는 것이 아니라 서로 잘 모르는 남과 같이 살게 되었다고 마음먹었지, 그렇게 생각하자 상대를 이해할 수 있었지. 외국여행 가보면 알잖아. 낯선 도시에 막 도착하면 말도 다르고 날씨도 달라 놀라지만 그곳에도 사람이 살고 있고, 그곳에선 그곳 문화를 존중해야 하잖아. 내 마음대로 주장하지 않고 그곳 사람들을 이해하려 애쓰다 보면 금방 적응하지. 모든 것이 다 편하지는 않지만 불편한 것 속에서 자기를 되돌아보게 되지. 그동안 내가 한 행동들이 낯선 이웃에게도 그대로 통할 수 있는지를 다시 보게 되잖아. 내가 해 왔던 것이라는 이유만으로 정당한 것은 아니거든. 마찬가지로 상대의 행동 중에도 존중할 점이 있지. 서로 다른 사람끼리 만나면 조심하게 되잖아. 남북한도 그랬지. 서로 다르다고 인정하고 조심하면서 하나하나 새로 합의해 나가다 보니 어느새 새로운 제도에 적응하게 되었어. 남북한 두 나라에서 8개 연방으로 구성된 한 나라로 변하다 보니 남북한 사람 모두 새로 적응하게 되었지. 변화가 즐겁기도 하잖아. 너도 그렇지.

그래요. 저도 8개 연방으로 된 지금이 더 좋아요. 여행갈 곳도 많고 일할 기회도 늘었어요. 여러 연방이 각자 자기 색깔을 가지고 정책경쟁을 하니까 훨씬 다양한 나라가 되었어요. 지금 우리나라 이름과 수도가 정해진 이야기도 마저 해 주세요.

나라 이름과 수도 정하기는 조금 어렵기도 했지. 처음부터 서울과 평양은 배제하기로 합의했지. 지방분권 시대이기도 했고, 어느 한쪽에 치중되지 말자는 합의도 있었거든. 그래서 개성으로 정했지. 개성공단이 남북교류의 상징이란 이유도 있었어. 나라 이름은 대한과 조선, 고려 3개 중에서 국민투표로 정했지. 수도가 개성이 되면서 이름은 대한으로 하자는 분위기가 조성되었고 사람들의 지지를 받았어. 그동안 남한이 대한민국이란 이름으로 선진국이 된 역사를 이어받자는 의견이 많았어. 그래서 지금의 나라 이름은 대한민국, 수도는 개성이 되었지. 수도라고 하지만 도시의 규모는 전국에서 10번째 정도지. 각 연방국가의 중심도시보다도 적은 편이지. 이젠 규모로 말하는 시대는 아니니까. 할애비가 말이 많았구나. 네 말도 듣고 싶어.

할아버지, 제가 다음 주에 경주로 수학여행 가요. 고속열차타고 가면 평양에서 한 나절이면 도착해요. 경주에 가면 할아버지가 살았던 황남동 집에도 가 볼게요. 그곳에서 영상통화해요. 경주남산의 열음곡 부처님이 최근에 바로 세워졌데요. 그곳에도 가보고 올께요. 할아버지, 제말 듣고 있으세요. 그새 잠이 드셨네요.

(2022. 5.)

추첨 국회의원의 하루

2030년 평양, 보통강 구역 살림집에 사는 나나는 평소보다 일찍 일어났다. 오늘은 추첨 국회의원[1] 취임식이 열리는 날이다. 오전 10시 류경 정주영 체육관에서 취임식을 한 후 오후에는 첫 회의를 할 예정이다.

나나는 몇 달 전 국회의원으로 추첨되었다는 문자메시지를 받고 깜짝 놀랐다. 국회의원이 될 의사가 있느냐는 질문을 받고 좋다고 승낙한 일이 있었지만 막상 국회의원으로 추첨될 줄은 몰랐다. 직장에 보고하였더니 2년 임기 동안 휴직처리를 해 주겠다고 한다. 추첨 국회의원은 통일된 이후에 나타난 새로운 제도다. 통일의회는 주민의 의사를 직접 반영할 새로운 제도를 고안하던 중 학계와 시민사회단체가 지속적으로 요구하던 추첨민주주의[2]를 선택했다. 선거로 선출하는 국회의원은 그대로 두고, 이와 별도로 추첨으로 200명을 뽑아 2년간 국회의원으로 임명하는 제도를 새로 만들었다. 추첨의원은 제비뽑기로 선출되기 때문에 별칭으로 제비라고 불린다. 이번 회기의 추첨의원은 통일한국이 수행할 의제선정과 북한지역 복구 및 주민지원방안에 집중할 예정이다. 추첨의원들이 결정한 내용은 국회에서 우선적으로 처리하도록 통일헌법에서 명확히 규정하였다.

---

1) 통일한국에서 도입가능성이 있는 제도를 소재로 한 미래의 이야기이다. 추첨민주주의는 대표를 추첨으로 뽑는 것인데, 유럽과 미국, 캐나다에서 실험한 사례가 있고 일정한 성공을 거두었다.

2) 민주정의 기본적인 원칙은 민중이 통치자이자 피통치자라는 것이 아니라, 모든 시민이 이 두 위치를 번갈아 가며 차지할 수 있어야만 한다는 것이다. 아리스토텔레스는 "자유의 한 형태는 다스리고 또 다스림을 받는 것을 번갈아 하는 것이다"라 했다. 민주적 자유는 자신에게 복종하는 것이 아니라 내일이면 자신이 차지할 그 자리에 오늘 앉아 있는 누군가에게 복종하는 것이다. 버나드 마냉, 곽준혁 옮김, 『선거는 민주적인가』 후마니타스, 2004, 46쪽

나나는 국회의원으로 추첨된 이후 국회사무처가 보내준 자료를 여러 번 받았고, 전문가들로부터 보충설명도 들었다. 나나가 할 일은 자유로운 토론을 거쳐 통일한국이 우선적으로 할 일을 선정하는 것, 특히 입법이 필요한 사안이 무엇인지를 결정하는 일이다. 첫 번째 회의 주제는 북한지역 토지의 처리문제다. 국가 소유였던 토지를 개인들에게 나누어 줄 것인지 혹은 국가소유는 그대로 둔 채 장기 임대차 계약을 체결할 것인지, 토지사용료는 어떤 방식으로 얼마나 부담시킬 것인지를 논의하기로 했다. 전문가들의 의견을 모은 자료집도 보았고, 동영상으로 강의도 들었다. 평양 지역의 추첨국회의원들과 준비회의도 몇 번 했지만 논의가 깊어질수록 답을 찾기가 더욱 어려웠다.

통일 전, 나나는 평양의 식품공장에 다녔다. 대학졸업 후 당에서 지정해준 공장에서 일하다가 그곳에서 만난 남편과 결혼하고, 직장에서 배정해준 살림집에서 아들을 낳아 셋이 함께 살고 있다. 평온하던 생활은 수년 전 남북한이 통일조약을 체결하면서 급격히 변했다. 통일조약에 따라 남북한 주민이 선거를 통해 500명 정원의 국회3)를 구성했는데 북한에선 200명의 국회의원이 선출되었다. 대통령도 선거로 뽑고, 각지역 도지사와 시장, 군수도 선거로 뽑았다. 통일 전에도 투표를 했지만 통일 후에 확연히 달라진 것은 후보자가 여러 명이라는 것과 서로 자기를 뽑아달라고 외치는 선거운동을 한다는 점이었다. 통일한국의 헌법은 의원 500명의 국회와 별개로 '추첨 국회의원법'을 제정했고, 전국에서 지원한 사람 중에 무작위로 200명을 뽑아 기존 국회와는 별개의 국회를 구성했다. 추첨기준은 남성과 여성을 절반씩으로, 남한과 북

---

3) 1948년 남한의 제헌헌법에서는 국회의원 숫자를 지역구 200석으로 정하였다. 그런데 당시 논의된 내용은 정원을 300석으로 구성했으나 북한 지역에서 총선이 불가능하게 되어 200석을 남한에서 먼저 선출하고 나머지 100석은 북한 지역을 위해 남겨두었다. 통일할 경우에는 인구비례 등을 고려한 남북한 의석배분 문제가 대두될 것이다.

한 지역에서 절반씩 뽑기로 미리 합의하였다.

　나나는 9시 반쯤 회의장에 도착하였는데 체육관은 남북에서 모인 국회의원과 보좌관들로 붐비고 있었다. 나나가 주변 사람들과 인사를 나누고 정해진 자리에 앉자 취임식이 시작되었다. 남한 출신의 대통령이 축하 연설을 했다.

　"추첨 국회의원 여러분, 오늘은 새로운 제도가 시작되는 날입니다. 통일한국은 민주주의 제도를 실현하기 위하여 추첨방식으로 제2의 국회를 구성하기로 했습니다. 지난 수개월간 엄격한 절차를 통해 오늘 이 자리에 모인 200명의 의원을 선출하였습니다. 여러분은 2년간 통일한국이 우선적으로 수행해야 할 의제를 선정하시기 바랍니다. 국회사무처는 여러분을 도와드릴 보좌진을 구성하였습니다. 통일한국이 사회통합을 이루고 동아시아 지역의 평화공존에 이바지할 의제 선정에 노력해 주시기 바랍니다. 여러분이 이 나라의 미래를 만들어 나갈 것입니다."

　연설을 듣는 동안 나나는 가슴이 뭉클했다. 북한주민인 나도 통일한국의 발전에 도움이 될 수 있다는 생각, 그리고 지금 내가 하는 결정이 내 아들이 살아갈 미래에 영향을 미친다는 마음으로 두 손이 아프도록 박수쳤다.

　취임식을 마치고 이어진 오찬행사, 남북의 의원들이 섞여 앉았다. 나나는 옆자리에 앉은 경북 경주에서 온 도도와 금방 친해졌다. 도도는 평양방문이 처음이라며 흥분했다. 이것도 인연이라며 나나를 경주에서 열리는 신라문화제 행사에 초대하였다. 우연한 기회에 남측 동무를 사귀게 된 나나는 점심시간 내내 평양음식 자랑하느라 제대로 먹지도 못했다.

　오후에는 10명씩 소그룹으로 나누어 분임토의를 했다. 이 날은 북한지역의 토지소유문제에 집중했다. 남한의 토지제도 변화도 같이 논의하자고 주장하는 의원도 있었지만 논의가 복잡해지면 실현가능성이 낮아진다는 현실론에 따라 이 문제는 추후의 과제로 넘겼다. 논의를 통해 북한주민의 살림집은 현재 사용자에게 우선권을 주자, 농지는 현재 경작하는 농민에게 우선권을 주자, 살림집이 없거나 농지가 없는 사람에게는 국가가 우선적으로 평균적인 규모로 토지를 배정해 주자는 원칙에는 대부분 동의했지만 토지의 소유권을 국가 소유로 그대로 둘 것인지, 현재 점유자에게 이전해 줄 것인지 문제는 의견이 분분했다. 나나는 자신의 문제이기도 한 이 문제에 대해 아직도 입장을 정하지 못했다. 오늘은 이렇게 하는 것이 좋을 것 같다가도 자고 일어나면 다른 방법이 더 좋을 것 같기도 해서 쉬이 결론을 내리지 못하고 있었다. 통일 전에는 나라에서 배정해 준 집에서 살면 된다는 단순한 생각만 하다가 막상 소유권을 가지는 것이 좋은지를 정하라고 하니 복잡하기만 하다. 권리에는 책임도 같이 따른 것 정도는 나나도 잘 알고 있다. 남측에서 온 국회의원들은 국가소유를 그대로 둔 채 장기 임대하는 방안에 찬성하는 분이 많았다. 십년 전 남측에서 아파트 가격의 폭등으로 전 국민이 좌절감을 겪은 일이 있었다면서 땅값 상승이 토지 소유자의 불로소득이 되는 일은 막아야 한다고, 그래야 전 국민이 평등해질 수 있다고 주장했다. 그들의 말을 들으니 그럴 듯했지만 그들이 하는 말이 정확히 무슨 뜻인지 다 이해하지는 못했다. 토론은 시간이 많이 걸렸다. 각자의 의견을 모두 듣고 쟁점을 정리하는 사이에 오후 6시가 되자 국회사무처에서 회의를 정리해 달라는 연락을 했다. 분임토의 조장은 토지소유문제는 몇 개월간 계속 토론할 예정이므로 오늘은 각자의 의견을 들은 것으로 회의를 마치고 향후 일정을 정하자고 유도했다.

저녁 만찬은 대동강변의 음식점, 옥류관에서 한다. 이 날은 윤이상 관현악단의 축하공연이 예정되어 있어 남측 분들은 기대를 많이 하고 있었다. 나나도 흥분하기는 마찬가지다. 통일 이후 북한 예술단이 어떻게 변했는지 직접 볼 기회가 없었기 때문이다. 체육관 밖에 전기버스가 대기했다는 연락을 받고 의원들이 주섬주섬 자리에서 일어났다. 서로 명함을 주고받아 친밀해진 분임토의 팀은 서둘러 버스로 이동했다.

(2021. 5.)

내 집에 사는데 사용료를 내라니요[1]

2030년 평양, 보통강구역 주택가에 살고 있는 김만복은 평양지방법원에서 보낸 등기우편을 받았다. 평생 교직에서 근무하다가 지난해 퇴직한 그는 세상물정에 어두운 편은 아니지만 법원에서 보낸 서류를 받기는 처음이다. 소장이라 적힌 두툼한 서류의 표지에는 사용료청구소송이라 적혀있었다.

김만복이 사는 동네는 해방 전에는 논, 밭이었다. 1946년 봄, 토지개혁이 일어났고, 지주의 토지는 몰수되어 인근 농민들에게 분배되었는데 그때 소작농이던 김만복의 아버지도 밭 5천 평을 분배받았다. 그 후 한국전쟁을 거치고 나서 1950년대 후반 농업협동화 운동이 활발할 때 그 밭의 소유권은 협동조합으로 넘어갔다. 그 지역에 살던 사람 중에서 조씨 일가가 있었는데, 지주였던 조씨는 직접 자경하던 5천 평만 그대로 보유하고 소작 주던 토지는 모두 몰수당했다. 조씨 일가는 1950년 한국전쟁 중에 남하하는 남한군을 따라 남으로 내려갔다. 북한 당국은 전쟁 중에 월남한 자들의 토지는 모두 국가 소유로 등록했다. 사실 1960년대에 태어난 김만복은 이런 사정을 잘 모른다. 집안 어른들로부터 들은 기억이 어렴풋하고 학교에서 '위대한 토지개혁의 성과'를 가르치면서 조금 더 알게 되었을 뿐이다. 김만복에게는 땅은 나라의 것이고, 집은 나라가 배정해 준대로 사는 곳이다. 1990년대 이후 나라 살림이 어려워지면서 나라에서 제때에 살림집을 배정해 주지 못해, 주민들 간에 주택을 서로 바꾸어 살기도 하고, 더러는 지방으로 이주하면서 자

---

1) 통일된 한국의 상황을 가상하여 쓴 글이다. 현재의 북한 토지제도를 전제로 하였고, 독일 통일 이후의 실제 사례를 참고하였다. 독일의 사례는, 1998년에 선고된 독일연방헌법재판소의 토지사용료지급정지 사건이다. <통일과 헌법재판 4> (헌법재판연구원, 2017) 228쪽

기 집을 다른 사람에게 팔기도 했지만 그런 것은 예외였다. 김만복의 부모는 1980년대에 새로 지은 단독주택을 배정받았고, 그 이후 현재까지 50년째 쭉 살고 있다. 김만복은 이 집에서 부모님 장례와 자녀 혼사를 모두 치렀다. 마당이 넓지 않은 집이지만 김만복에겐 남은 여생을 함께 보낼 소중한 곳이다.

평생 이대로 쭉 갈 것 같던 세월이 변한 것은 몇 년 전이다. 남북한의 정치 지도자들이 통일하자고 합의를 했고, 투표로 전 국민의 뜻을 물어본 결과 80%의 사람들이 찬성했다. 남북한의 통일조약체결, 통일헌법 제정을 거쳐 두 나라는 하나가 되었다. 그 사이 김만복은 교직에서 정년퇴직했고, 북한에서 가입한 교직연금을 통일된 나라가 그대로 이어받은 덕분에 연금을 계속 받고 있다. 통일되면서 돈의 단위가 달라져 약간 헷갈리지만 통일 전보다 받는 연금액이 조금 늘어난 것 같기도 하고, 그 돈 받아서 장 보고 나면 남는 것 없다는 아내 말을 들으면 조금 줄어든 것 같기도 하다. 얼마 전에는 남쪽 도시 부산에도 다녀왔고, 그곳으로 이사 간 학교동료를 만나 사는 이야기도 들었다. 부산에서 평양음식점을 시작한 옛 동료는 열심히 일한 만큼 돈 버는 재미가 있다며 웃었다. 김만복이 보기에 사람 사는 곳은 어디든 똑 같고, 열심히 사는 사람들에겐 다 살 길이 있어 보였다.

그런 김만복이 소송에 휘말리게 되었다. 소장 내용은 조씨 집안의 증손자가 상속권을 주장하면서 김만복에게 사용료를 내라는 것이다. 통일조약에서 과거 토지문제는 불문에 부치기로 했는데 무슨 뜬금없는 소리인가 싶었다. 조씨 측 주장은 이렇다. 북한 토지개혁 후 증조부가 소유했던 토지 5천 평을 한국전쟁 후 북한 당국이 함부로 몰수[2]했다.

---

2) 북한은 1950년 12월 '경작자 없는 토지에 관하여'라는 법령을 공포하였고, 1951년 5월에는 '경작자 없는 토지를 공동 경작함에 대하여'라는 법령을 공포하였다. 이들 법령을 통해 한국전쟁 기간 중 월남자의 토지를 국유화하고 협동농장원들에게 공동

상속인들은 그 땅에 대해 여전히 소유자로서 권리가 있다. 지금 살고 있는 사람들이 계속해서 살 권리도 중요하지만 지주가 사용료를 받을 권리는 보장되어야 한다. 과거의 일은 따지지 않겠지만 금년부터는 사용료를 매달 지불해야 한다. 만일 지불하지 않을 경우에는 집을 비우고 퇴거해야 한다. 소장을 다 읽은 김만복은 무슨 헛소리인가 싶었다. 내 아버지가 나라에서 받은 집이고, 내가 그 집에서 수십 년째 살고 있는데, 사용료는 무슨 소리인가, 그동안 매년 나라에 사용료를 내었는데 이건 또 무슨 소리인가? 그럼 나는 두 군데에 사용료를 내어야 한단 말인가? 며칠 고민하다가 변호사를 찾아갔다.

미리 소장을 보내고 시간 약속을 한 뒤에 변호사를 만났다. 한 시간 동안 상담하고 나오는데 머리가 더 복잡해졌다. 상담을 하고 나면 시원해 질 줄 알았는데, 무슨 법이 이리 복잡한지 머리가 윙윙거린다. 한 마디로 재판은 해 보아야 결과를 알 수 있고, 원고 측 말도 일리가 있고 김만복씨 주장도 일리가 있다. 여러 가지 주장이 가능한데 결과를 알 수 없으니 열심히 소송에서 다투어 보자. 그렇게 하려면 자기에게 사건을 맡겨야 한다는 말이었다. 한 며칠 생각해 보겠다고 하고 사무실을 나왔다.

변호사와 나눈 대화를 돌이켜보았다. 문제는 두 가지였다. 통일 후 제정된 미해결재산처리법상[3] 한국전쟁 당시 남으로 간 조씨에게 소유권이 남아 있는지 여부와 만일 조씨의 재산권이 인정된다면 지금 그 땅

경작권을 부여하였다.

3) 독일에서는 통일 후 미해결재산처리법을 만들어 재산권을 박탈당한 자에게 반환청구권을 인정하되, 개인이나 종교단체가 재산가치에 상당한 대가를 지급하고 소유권을 취득한 경우에는 반환청구권이 배제되었다. 독일연방헌법재판소의 1999.11.23. 결정에서는 이 법은 합헌이고, 동독 서기장 호네커가 실각하기 전인 1989.10.18.을 기준으로 그 이전에 땅을 취득한 사람은 반환할 필요가 없다고 결정했다. (위 책, 260쪽)

에 살고 있는 사람은 어떻게 되는지가 문제다.

통일 당시 북한토지문제에 대해 여러 논의가 있었다. 1946년 봄, 북한에서 실시된 토지개혁은 인정하기로 했다. 그것은 북한의 법령에 따라 행해진 일이고, 현 북한토지제도의 근본이기 때문에 그것을 부정하고서는 통일이 될 수가 없었다. 그런데 한국전쟁 중에 고향을 떠난 사람들의 토지에 대해서는 권리를 보호하자는 의견도 있고, 그 이후 협동농장으로 소유권이 넘어간 다른 북한 사람들과 형평성을 고려해 보호할 필요가 없다는 의견도 있었지만 그런 사례가 많지 않다는 이유로 권리를 보호해 주기로 했다. 다만 그 땅에 북한주민이 살고 있다면 그 주민이 계속 거주할 권리는 보장하기로 했다.[4] 김만복의 집은 1950년 당시에 조씨가 소유하던 5천 평 땅에 지어진 집이었다. 재수가 없자니 하필 내게 이런 일이 생기나 싶었다.

김만복은 살던 집에서 계속 살 수는 있겠지만 사용료문제가 남았다. 통일 이후 몇 년이 지나자 쌍방이 합의하여 토지사용료를 내는 사람이 생기기 시작했고, 그때까지 합의가 되지 않은 소유자는 법원에 소송을 제기하였다. 법원에서 사용료를 정해달라는 것이 소송의 내용이다.

김만복 사건을 상담한 변호사는 재판을 하면서 사용료 액수를 낮추는 노력을 하겠지만 전혀 지급하지 않아도 되는지는 알 수 없다고 했다. 다만 한국전쟁 당시 남하한 사람의 토지 소유권을 보호하는 법률에 대해 헌법재판이 진행 중인데 만일 그 사건에서 토지소유자 권리를 보호하는 법이 위헌이라고 판결난다면 토지사용료를 낼 필요가 없다고 했다. 하여튼 김만복은 소송에 대응해야 할 처지가 되었다.

김만복은 마음이 울적하여 부모님 산소를 찾았다. 평생 노동자로 살

---

4) 독일에서는 1990년 10월 이전에 법률상 또는 사실상 권리로 인정받았던 이용관계에 의한 점유권을 인정하고, 1994년 말까지 쌍방 합의로 사용료 지급계약을 체결한 경우에 토지소유자가 토지이용자에게 지급청구를 할 수 있다. (위 책, 228쪽)

앉던 부모님으로부터 들었던 토지개혁 이야기가 생각났다. 소작농이었다가 땅을 분배받아 기뻤던 일, 그 땅을 다시 협동조합에 반납하면서 화가 났던 일, 공장 노동자로 일하며 배급을 받고 살다가 단독주택을 배정받고 기뻤던 일... . 산소에 앉은 김만복은 부모님께 나라에서 준 우리 집이 이젠 남의 집이 될지도 모른다고 하소연했다. 산소를 둘러싼 울창한 숲에서 바람이 분다. 쏴아 쏴아 바람이 분다. 나라가 준 그 집은 네 집이 맞다고 하는 것 같기도 하고, 이제 어쩌겠느냐 사용료를 내면서 평생 살아라 하는 것 같기도 하고, 그저 아무 의미없는 소리 같기도 한 바람은 해가 저무도록 불었다.

(2020. 11.)

전국노래자랑 신의주 편[1]

"전국~ 노래자랑", 와~하는 함성, 이어지는 박수소리 그리고 짠짜 짠 짠짠~ ~ , 특유의 멜로디. 일요일 낮이면 TV에서 듣던 소리다. 그 런데, 이번 주는 특별하다. 방송장소가 북한인데다가 나도 참석하기 때 문이다.

몇 달 전 통일부 공무원의 전화를 받았다. 전국노래자랑을 북한에서 개최할 예정인데, 법률문제를 자문해 줄 수 있느냐는 요청이었다. 예상 치 못한 말이라 순간 당황했지만, 자문단은 현지 공연에 초대할 예정이 라는 말에 좋다고 했다. 분야별로 자문단을 꾸리는 중이고, 연예인과 공연 전문가들이 대부분이지만 법률전문가도 참여시키자는 내부 논의 가 있어 내게 연락했다는 배경설명을 들었다.

'전국노래자랑 북한편'은 2003년에 송해 선생의 사회로 평양시 모란 봉 공원에서 열린 적이 있다. 당시 북측 여자 방송원과 함께 공동으로 사회를 본 송해 선생은 마지막 장면에서 울었다. 황해도 출신의 실향민 이던 그는 일흔이 넘은 나이에 북한에서 사회를 보는 것이 감격스러웠 던 모양이다. 그때 송대관과 주현미가 초대 가수로 나와 노래를 불렀 다. 북측에선 인민복 입은 남성과 한복 입은 여성들이 노래를 불렀다. 북한 여성들의 고운 목소리가 어색했다. 당시 평양공연은 성공적이었 고, 북측 방송원은 분단 58년 만에 남북이 하나가 된 사건이라며 흥분 했다. 평양공연 이후 북한의 주요 도시 5개를 순회하면서 공연하자는 논의가 있었지만 실현되진 못했다.

그때로부터 20여년이 지날 무렵, 북측에서 전국노래자랑을 다시 하 자는 연락을 했다. 그 무렵 북측은 신의주경제특구를 가동시키기 위해

---

1) 이 글은 미래를 가상하여 쓴 것이다. 송해 선생의 사망(2022. 6. 8.)을 계기로 그가 이루지 못한 꿈을 구상해 보았다.

노력 중이었는데, 남측의 투자를 유도하고 화해분위기를 조성하는 차원에서 제안한 것이었다. 북측 제안을 수용할지 말지 논란도 있었으나, 참석하기로 결론을 모았다. 과거 남북회담의 경험상 분위기가 좋을 때 치고 나가자는 의견이 다수였다. 최근 수년간 북한 경제는 매우 어려웠다. 핵문제로 인한 국제사회의 경제제재 그리고 코로나로 인한 국경봉쇄 때문이었다. 코로나가 종식되면서 북한은 경제회복을 위한 다양한 시도를 했다. 미국과 핵문제 해결을 위한 협의를 시작했고, 중국에는 경제특구에 대한 지원을 요청했다. 그리고 신의주경제특구를 시험적으로 가동하기 시작했다. 남측 당국은 전국노래자랑에 합의하고 실무자를 모았으나 20여 년 전 행사를 진행했던 경험자들은 거의 퇴직한 상황이었고 북한방문경험자도 거의 없었다.

통일부는 사전준비 회의를 몇 차례 했다. 나는 그 자리에서 남측 참석자들에게 법률문제를 설명했다. 노무현 정부 때 평양을 여행한 내 경험을 곁들여 남한 주민이 북한으로 가려면 통일부의 방북승인이 필요하고 국가보안법이 여전히 적용된다고 상기시키며, 북한 사람들과 대화할 때 정치적인 발언은 조심하라고 주의를 주었다. 기념품을 사거나 북한 주민과 이야기를 나누는 것은 허용되지만 성경책 등 북한이 민감하게 여기는 물품은 소지하지 말고, 휴대폰 반입은 허용되지만 출국시 사진을 검색할 수도 있다고 경험담을 이야기했다. 이런저런 이야기를 하면서 사람들의 반응을 살피는데 참석대상자들의 얼굴빛이 조금씩 어두워졌다. 며칠 간 낯선 곳, 함부로 갈 수 없는 곳으로 간다고 들뜬 모습이었던 사람들은 국가보안법이란 말이 나오자 긴장하기 시작했다. 유의사항이 포함된 소책자를 나누어 주는 것으로 사전설명을 마쳤다.

사전 답사 차 북한에 다녀온 방송국 직원은 노래자랑 참석자들이 부를 노래 중에 북한의 혁명가극에 나오는 노래, 북한지도자를 찬양하는 노래가 있는데 방송을 해도 괜찮은지 물었다. 사회주의혁명을 찬양하는 노래가 남한 TV에서 그대로 방송되는 것이 걱정스러웠던 모양이다. 나는 노래자랑에서 부르는 노래는 예술의 자유 영역에서 허용될 수 있다고 설명하면서 방송국 보호 차원에서 미리 국가정보원에도 알려두자고 제안했다. 북측이 행사장에 판매대를 설치하는 것은 문제가 없는지도 물었다. 무슨 물건이 매대에 오를지도 알 수 없는 상황에서 미리 부정적인 대응을 할 이유는 없어 보였다. 예전에 북한을 방문한 경험에 의하면 농산물, 과자류, 책자 등이 주된 판매 대상이었다. 식품이야 특별히 문제될 여지가 없지만 책자는 조심스러울 수도 있다. 하지만 북한 정부를 찬양하는 서적의 출판과 열람이 문제되던 시절은 이미 지났다. 정보에는 자유롭게 접근하고 판단은 각자가 하는 것이 열린사회의 장점이라는 점에 다수가 합의하는 분위기라 책 내용을 문제 삼아 불온문서 소지로 문제될 가능성은 낮다고 설명했다. 방송국 직원이 우려하는 것은 큰 문제가 없어 보였지만 정작 내가 걱정하는 것은 현지에서 발생할 돌발사태다.

행사장은 경제특구 안으로 정해졌다. 그곳에 출입하기 위해서는 신분증을 검사하는 문을 통과해야 하고 북측당국이 현장을 통제하기 때문에 행사장 내에서 사고가 생길 우려는 거의 없지만 행사 전후 신의주 시내 자유 관광 일정이 있어 그때 무슨 일이 일어날지는 조금 걱정스럽다. 100여 명의 남한 사람이 신의주 시내를 자유롭게 다니다 보면 북한 사람을 만날 것이고 그 과정에서 낭만적인 일만 일어나지 않을 것이다. 언쟁을 할 수도 있고, 사고를 당할 수도 있다. 누군가는 북측에 남겨진 이산가족을 만나려고 미리 계획하고 있을 수도 있고, 신의주 아파트를 보러 다닐 수도 있다. 한편으론 아무런 사고가 없기를 바라면서도 다른 한편으론 내가 예상하지 못한 일이 일어나 그것이 제도개선의 계기가 되길 바라는 마음도 조금쯤 있다. 다행히도 남북한의 실무자와 전문가로 구성된 '행사지원팀'이 구성되었고, 원탁회의 방식으로 모든 문제를

평양에서 재판하는 날

수시로 협의하여 결정하기로 했다. 나도 행사지원팀에 참여한다. 사소한 법위반은 북측 기준으로 벌과금을 부과하는 선에서 해결하기로 했고, 북측이 보기에 정도가 심하면 바로 추방하기로 했다. 어떤 행위가 벌과금 부과대상이고 추방대상인지는 미리 예시하였고, 남측참석자들에게도 알려주었다. 북한지도자를 비방하거나 북한체제를 비방하는 행위는 추방대상이고, 북측 행사진행자의 지시를 반복하여 위반하는 경우는 벌과금을 내기로 했다. 어떤 조치를 취하던 남한 사람들에 대한 조사와 통보는 남측이 하기로 했고, 사전에 해명의 기회를 주기로 했다.

나는 어제 저녁에 단둥을 거쳐 신의주로 들어왔다. 압록강의 물은 푸른빛이었다. 압록대교로 다리를 건너는데 잠깐 사이에 강을 건넜다. 신의주는 처음이다. 중국 소도시와 비슷한 분위기가 있고 시내 중심에 있는 호텔은 주변이 번잡스러웠다. 오가는 차량의 경적소리가 시끄럽고 알록달록한 옷을 입은 북한 여성들이 바삐 지나갔다. 자정 전에 잠자리에 들었지만 뒤척이다가 새벽녘에 겨우 잠이 들었는데, 창밖에서 울리는 음악 소리에 잠이 깼다. 호텔 주변 공원에 아침 체조를 하는 사람들이 모여 있었고 그곳에서 노랫소리가 크게 났다. 기왕 일어난 김에 주변을 산책하러 나섰다. 다소 긴장한 채 거리로 나섰지만 나를 눈여겨보는 사람은 아무도 없었다. 호텔 앞에서 거리사진을 몇 장 찍고 어디로 갈까 두리번거린다. 길모퉁이에 아침식사를 파는 노천식당이 보이고 주민들 서넛이 나무의자에 앉아 뭔가 먹고 있다. 나도 그 자리에 끼어 앉고 싶어졌다. 노천식당에서 누군가를 만나고 무슨 말이든 해 보고 싶었다.

(2022. 8.)

북한 주민이 제기한 소송[1]

의정부지방법원 고양지원 파주시법원, 법정에 방청객이 가득하다. 시법원재판은 사건 당사자 서너 명이 참석할 뿐인데, 이날은 법정에 빈자리가 없다. 원고는 개성시 주민인 김순덕인데, 지금은 파주시에 설치된 경제특구에서 1년째 일하고 있다. 매달 20만원의 월급을 받고, 숙식은 회사가 무료로 제공하는 공단 내 기숙사에서 해결한다. 2주에 한 번씩 개성에 있는 집에 다녀오고, 명절에는 일주일씩 쉰다. 그동안 잘 지내던 김순덕이 소송을 제기한 이유는 남한의 최저임금법상 자신과 같은 일을 하는 남한 노동자는 월 200만원씩 받는다는 사실을 알게 되었기 때문이다. 소장의 내용은 이러하다. 남한 내에서 노동을 제공하는 모든 노동자에게는 최저임금법이 동일하게 적용되어야 한다. 북한 주민도 남한에서 노동을 하는 동안에는 최저임금법에서 정한 임금을 받을 권리가 있다. 따라서 회사는 지난 1년 동안 최저임금에 미달하게 지급한 임금 차액인 2,160만원(매달 180만원씩 12개월분)을 지급하라는 소송이다. 3천만 원 미만 청구사건은 소액사건으로 분류되기 때문에 변호사없이도 소송을 제기할 수 있다는 말에 용기를 내어 소장을 제출했다.

소송을 당한 회사는 변호사를 선임해서 대응했다. 노동자 한 사람의 청구금액은 지급할 수도 있지만 북한주민 500명을 고용하고 있는 회사는 이 사건 소송 결과가 회사의 존립을 좌우할 수도 있기 때문이다. 회사는, 우선 북한 주민은 남한 법원에 소송을 제기할 수 없고, 다음으로 북한 주민에게는 남한의 최저임금법이 적용되지 않는다는 주장을 했다.

---

1) 이 글은 미래에 발생할 수 있는 사건을 가상하여 쓴 것이다. 현재 국회에서 '평화경제특별구역의 지정 및 운영에 관한 법률안'이 발의되어 논의 중인바, 이 법이 시행될 경우에는 북한에 인접한 남한 지역에 공단이 설립되고 북한 근로자들이 공단 내에서 생활하는 일이 생길 수 있다.

김순덕은 며칠 전 회사 측이 법원에 제출한 답변서를 받아서 여러 번 읽어 보았으나 이해하기 어려웠다. 법원에서 서류를 받는 것도 처음이라 도대체 무엇을 어떻게 해야 할지도 잘 모르겠고, 관할, 법의 해석 원칙 그리고 특별법 우선의 원칙은 또 무슨 말인지. 마침 공단에 법률 상담 하러 오는 강 변호사의 도움을 받아 상대방의 주장을 대강 이해했고, 법정에서 자신이 직접 주장하겠다고 마음먹었다.

파주시 법원의 최 판사는 신이 났다. 원로법관인 그는 단조로운 사건을 처리하다가 모처럼 언론의 주목을 받는 사건을 만났다. 복잡한 재판 일선에서 한 발 물러나 있던 그에게는 중대한 사건이 오랜만이었다.

금요일 아침 10시, 법정경위의 일동 기립 구호와 함께 재판이 시작되었다. 최 판사는 법대에 앉아 참석자들을 둘러보았다. 당사자는 모두 출석했고, 방청객들과 기자들도 있어 민사소송법에 충실하게 구술변론을 하기로 마음먹었다.

먼저 원고 김순덕씨 소장에서 주장하는 내용을 말씀해 보세요.

예 판사님, 제가 하고 싶은 말은 남한에서 일하는 노동자에게는 차별 없이 똑 같은 임금이 지급되어야 한다는 것입니다. 남한 헌법에 평등권이 있고, 최저임금법에도 북한 노동자를 차별한다는 말이 없습니다. 외국인 노동자에게도 적용되는 최저임금법이 왜 저희들에게만 적용되지 않습니까? 제게도 최저임금법이 보장하는 임금을 지급해 주시기 바랍니다.

다음으로 피고 측에서 답변하세요.

재판장님, 두 가지 말씀드립니다. 우선 북한 주민인 원고는 남한 법원에 소송을 제기할 수 없습니다. 남북 사이에 합의된 상사중재합의서에 의하면, 남북 사이에 발생한 분쟁은 상사중재로 해결해야 하는 것이지 법원에 소송을 제기할 수 없습니다. 따라서 이 사건 소송은 부적법하므로 각하해 주시기 바랍니다.

두 번째로, 평화경제특별구역법에는 공단에서 근무하는 북한주민에게는 남한법이 적용되지 않는다는 특별규정이 있습니다. 따라서 원고의 주장은 위 특별규정에 위배되는 것이므로 원고 청구를 기각하여 주시기 바랍니다.

원고를 따라온 북측 동료들은 처음 온 법정에서 긴장한 채 양측의 이야기를 듣고 있었다. 어떤 말은 이해할 수 있었지만 또 어떤 말은 너무 낯설었다. 회사 측 변호사가 하는 말은 다 들었지만 왜 김순덕의 청구가 잘못되었다는 것인지는 납득하기 어려웠다.

재판장이 질문한다.

피고 대리인, 이 사건이 상사중재 대상이 되는 유형의 사건인가요? 단순히 임금지급청구사건도 상사중재 대상인가요?

재판장님, 상사중재 대상이 어디까지인지는 분명하지 않습니다. 다만 남북사이의 특수성을 고려할 때, 남북 사이의 분쟁은 상사중재로 해결하는 것이 우선이지 남한 법원에서 재판하는 것은 자제되어야 한다는 취지에서 한 주장입니다.

재판장도 이 문제를 생각해 보았는데, 누구든지 재판을 청구할 권리가 있다는 헌법규정을 존중해서 일단 소송이 제기된 이상 이 법원에서 재판을 진행하겠습니다.

다음으로, 평화경제특별구역법에서 최저임금법의 적용을 배제한다는 의미는 무엇인가요?

재판장님, 애초 이 법이 제정된 배경을 살펴보면, 접경지역 경제를 활성화함과 동시에 남북긴장을 완화하자는 취지에서 제정된 법입니다. 또한 북측 노동자를 고용하여 저렴한 인건비로 제조업 공장을 운영함으로써 경제회복에 이바지하자는 목적이 있었습니다. 이런 이유에서 남한 법 중에서 사회복지분야의 법은 적용하지 않는다는 취지가 법에 규정되었습니다. 최저임금법 적용 여부는 명시되지 않았지만 법 제정의 취지상 북한 주민에게는 적용되지 않아야 합니다. 또한 이런 사정을 고려해서 공단 내에서 북한 노동자들이 거주하는 기숙사의 숙식비용은 회사가 자체적으로 부담하고 있습니다. 사실 기숙사 운영비용이 매월 지급하는 임금보다 더 많이 드는 것이 현실입니다.

김순덕씨, 피고 주장 들으셨지요? 의견이 있으면 말씀해 보세요.

재판장님, 저는 법은 잘 모릅니다. 다만 남한 사회가 자유롭고 평등한 사회라는 것을 잘 알고 있습니다. 파주 공장의 사장님과 직원들에게도 감사합니다. 저희를 인간답게 대해주고, 기숙사 내 식당에서 맛있는 음식을 제공해 주어 저희는 행복하게 일하고 있습니다. 회사에 나쁜 감정은 없습니다. 다만 저희가 하는 일이 남한 노동자와 같은 일인데 대가로 받는 급여에 큰 차이가 나는 것은 이상하다고 생각합니다. 피고측 변호사님은 남한법상 북한 노동자에게는 최저임금법이 적용되지 않는다고 하는데, 저는 납득할 수 없습니다. 저희에게 적용되는 법을 만들면서 저희 의견은 듣지 않아도 되나요? 남한에서 일방적으로 북한 노동자의 처우를 불리하게 정해도 되는 것인가요? 저는 일한 만큼 제대로 임금을 받고 회사가 저희에게 대우해주는 만큼 저희도 기숙사 비용을 현실에 맞게 내는 것이 옳다고 생각합니다. 마지막으로 만일 제가 남한 노동자만큼 급여를 받으면 그 돈으로 남한에서 저희 가족에게 필요한 물건을 사고 싶습니다. 지금 받는 월급으로는 아이들이 원하는 것을 제대로 사다 주기 어렵습니다. 재판장님이 법에 따라 현명하게 판단해 주시기 바랍니다.

피고 측에서 더 하시고 싶은 말씀이 있으신가요?

재판장님, 만일 원고 주장대로라면 접경지역에 설립된 공장은 인건비 부담으로 운영이 어렵게 됩니다. 이런 점을 고려해 주시기 바랍니다.

양측 주장 잘 들었습니다. 다음 재판 때까지 좀 더 고민해 보겠습니다. 양측에서 증거로 신청할 내용이 있으신가요? 재판부에서는 이 사건의 특성을 고려해서 통일부와 법무부에 의견조회를 해 두었습니다. 평화경제특별구역법의 제정경위와 특별규정의 입법취지에 대해 정부 측 의견을 참고로 들어보기 위함입니다. 원고와 피고 측에서도 각자의 주장을 보완하기 위한 자료를 추가로 제출하시기 바랍니다. 다음 재판 은 한 달 후 이 법정에서 다시 진행합니다. 재판장의 말을 끝나자 모두 자리에서 일어나 법원 밖으로 나왔다.

한 낮의 햇살에 눈이 부셨다. 김순덕과 동료들은 오늘 휴가를 받은 김에 파주 시내에서 쇼핑하기로 했다. 김순덕은 개성에 사는 아이들이 사 달라고 하던 게임기 판매장을 찾아 걷기 시작했다. "동무들 재판 참 석하느라 고생했지. 오늘 점심은 내가 살 테니 같이 갑시다. 장단콩 두 부가 맛있다던데, 두부 요리 어때?" 김순덕의 목소리가 씩씩하다.

(2020. 9.)

교과서없는 수업

"

대학원에서 북한법을 강의한 이야기와 북한 연구자들 이야기를 모았다. 2012년부터 최근까지 10년 이상 강의하면서 새롭게 알게 된 것이 많았고, 기존의 생각이 바뀌기도 했다. 토론식 수업에 적극 참여해 준 학생들 도움이 컸다. 강의시간에 한 말들, 그리고 강의를 통해서 알게 된 것들을 다른 사람과 나누고 싶었다. 북한과 통일은 답이 정해지지 않은 문제이다. 그래서 계속 공부하고 토론해야 한다.

"

강의 첫 날

북한대학원대학교 학생 여러분, 오늘은 '북한외국인투자법제 연구' 강의 첫날입니다. 첫째 시간엔 자기소개와 이 수업에서 배우기를 원하는 내용, 그리고 강의수준에 대해 이야기 했습니다. 여기 참석하신 12분은 법학을 전공한 다섯 분, 은행에 다니는 두 분, 북한관련 단체에 근무하는 한 분, 전업학생도 한 분 있네요.

저는 자기 의견을 말로 잘 표현하고 상대방 의견을 잘 듣는 것이 중요하다고 생각합니다. 서로 의견차이가 있을 경우에는 무엇 때문에 그런 차이가 생긴 것인지를 토론해 보는 것이 공부입니다. 지식을 습득하는 것도 중요하지만 지식은 수업 시간 밖에서도 얻을 수 있습니다. 여기서는 북한법의 특성에 대해 좀 더 본질적인 문제를 검토해봅시다.

이번 시간에는 이 수업에서 무엇을 공부할 것인지 말씀드리겠습니다. 이 수업에서 다룰 내용은 북한의 외국인투자법제입니다. 북한에도 법이 있습니다. 그것도 다양하게 제법 많이 있습니다. 그 많은 법 중에서 외국인투자와 관련된 법을 공부하는 것입니다. 매 시간 한두 건의 북한법을 다룰 것입니다. 중요조항은 같이 읽으려 합니다. 이 수업을 마칠 때쯤 여러분은 북한법을 웬만큼 읽어 본 사람이 될 것입니다.

한 학기가 15주입니다. 향후 진행할 수업의 개요를 말씀드리겠습니다. 3월에는 북한의 헌법을 공부하면서 북한이 법을 어떻게 이해하고 있는지, 외국인투자자에 대한 생각은 어떤지, 외국인투자를 허용하기 시작한 것은 언제부터인지를 살펴보겠습니다. 그런 과정을 거친 다음에 외국인투자법 자체를 공부합니다. 22개 조문의 간략한 법이지만 그 법이 가지는 의미는 큽니다. 외국인투자가 허용되지 않는 나라에서 외국인투자를 유치하는 나라로 변하게 만든 기본법이기 때문입니다. 외국인투자를 유치하기 위해 북한은 기존에 없던 법을 만들기도 했고(토지임대법, 세금법), 기존에 있던 내국인을 대상으로 하던 법을 외국인투자가에 맞추어 새로 만들기도 했습니다(외국인투자기업 노동법). 왜 이런 법이 만들어졌는지를 공부하겠습니다.

사람은 자기가 속해 있는 사회를 기준으로 생각하려는 습성이 있습니다. 다른 나라의 법을 볼 때도 현재 우리 사회에서 적용되는 법이 보편적인 것이라는 전제하에 다른 나라의 법을 보는 경우가 많습니다. 그런데 우리나라 자체만 보더라도 지금과 30년 전의 법제도는 상당히 다릅니다. 북한도 마찬가지입니다. 더구나 북한은 시장경제가 아닌 계획경제를 택하고 있는 사회주의 국가입니다. 자본주의 국가인 남한과는 상당히 다릅니다. 무작정 북한법은 문제가 많다고 할 것이 아니라 북한법이 그렇게 된 이유를 생각해보려고 합니다.

외국인투자법에 이어 분쟁해결제도에 대해 살펴봅니다. 북한에서 분쟁이 생기면 어떻게 해결하는지, 북한의 재판제도는 신뢰할 만한지 여부는 외국인투자자의 주요 관심사항입니다. 투자하기 전에 분쟁부터 걱정하느냐고요? 걱정합니다. 투자자들은 투자하기 전에 모든 가능성을 염두에 둡니다. 돈 벌기가 쉽지 않거든요. 분쟁해결제도에 이어 북한에는 어떤 형태의 기업이 있는지를 살펴봅니다. 주식회사는 없습니다. 합영법, 합작법, 외국인기업법이 있는데 그 차이는 무엇이고 어떤 장단점이 있는지 살펴보겠습니다.

여기까지 기초적인 공부를 한 다음에는 4월 한 달 동안 경제특구에 관한 법률을 공부합니다. 개성공업지구는 지난 10년간 생산활동이 진행된 곳이고, 최근까지도 5만 3천 명의 북한 근로자가 천 명의 남한 근로자와 함께 일하던 곳입니다. 현재까지 50여 개 이상의 각종 법령이 만들어졌습니다. 실제로 법이 적용되고 운용된 사례도 풍부합니다. 나선 지구와 금강산 지구 등에 대한 법도 살펴보고, 김정은 시대에 만들어진 경제개발구법도 공부합니다. 북한법을 보면, 북한은 경제개발을 원하고 있고, 그 목적을 이루기 위해 외국자본을 유치하려고 노력 중입니다. 최근까지도 여러 가지 법을 만들고 제도를 개선해 나가고 있습니다.

하지만 여러분은 그렇게 느끼지 않을지도 모릅니다. 북한은 핵무기를 개발하고 미사일을 쏘아대느라 경제개발에는 관심이 없는 것 같지요? 둘 다 맞습니다. '핵경제병진노선'을 채택한 북한은 한 쪽에선 핵무기를 개발하고, 다른 쪽에선 민생을 살리기 위해 경제개발, 특히 외국인투자 유치를 위해 노력하고 있습니다. 우리가 보기에는 모순이지만 그들은 나름의 논리를 세워 정책으로 추진 중입니다.

5월엔 외국인투자의 핵심요소와 관련된 법을 공부하겠습니다. 외국인투자법의 핵심은 투자유치를 위한 인센티브입니다. 토지, 조세, 노동이 대표적입니다. 모든 토지가 국유인 북한에서 외국인투자자들에게 토지를 매매할 수가 없습니다. 그래서 50년간 임대하는 방안을 생각했습니다. 토지임대법이란 법을 새로 만들었지요. 북한 내에는 저당권이란 개념이 없습니다. 그런데 외국인투자자에게 적용되는 토지임대법에서는 저당권 개념도 새로 도입했습니다.

북한에는 세금이 없습니다. 북한 스스로 사회주의 낙원이라고 주장하는 근거입니다. 하지만 외국인투자자에게는 세금을 걷습니다. 이를 위해 외국인투자자에 대한 세금법을 만들었습니다. 세금을 부과하고 거두어 본 일이 없기 때문에 세금법은 남한 법에 비해 매우 간략합니다. 실제 적용하면 여러 군데서 문제가 생길 것입니다.

세금이야말로 이해관계가 가장 대립하는 분야입니다. 국가는 대가없이 그냥 받아가려 하고, 외국인투자자는 세금을 최소한으로만 부담하려고 하기 때문입니다. 법이 세밀하게 정해져야 할 분야입니다. 남한의 세법은 법이 세밀할 뿐만 아니라 매년 변경되는 대표적인 분야입니다.

노동법도 차이가 있습니다. 북한은 스스로 노동자 농민의 나라라고 주장합니다. 노동을 거래의 대상으로 보는 남한과 달리 북한에서 노동은 권리이자 의무로 모든 재부의 원천입니다. 북한에선 집단적 노동을 강조하며 노동의 대가로 생활비를 줍니다. 생활비는 남한에 비해 매우 적은 편입니다. 주택, 의료, 교육 등을 국가가 무상으로 제공해주기 때문에 노동의 대가는 국가가 제공하는 것을 제외한 생활비만 지급하는 것입니다. 현실에서는 주택도 의료도 교육도 어느 하나 제대로 제공되지 않지만 제도상으로는 무상 제공하는 것으로 되어 있습니다. 북한 노동법과 외국투자기업에 적용되는 노동법은 조금 다릅니다. 뭐가 다른지, 왜 다른지를 공부해보겠습니다.

6월에는 참고가 될 외국사례로 중국과 베트남의 외국인투자법제 변천과정을 공부하고, 유엔제재가 외국인투자에 미치는 영향도 살펴보겠습니다. 그리고 마지막 시간에는 여러분이 작성한 기말보고서를 발표합니다. 각자 외국인투자법과 관련된 주제를 정해서 10장 정도의 분량으로 보고서를 작성해 오시기 바랍니다. 어떤 주제를 선택할지는 공부를 해가면서 정하시면 됩니다. 수업 중간쯤에 잠정적으로 정한 주제를 두고 저와 상의해주세요. 그러면 제가 조언을 해드리겠습니다.

지금까지 앞으로 한 학기 동안 공부할 것을 쭉 말씀드렸습니다.

"질문 있나요?"

아, 교재가 있느냐고요? 단행본으로 된 것은 없습니다. 각 주제별로 논문을 한두 편씩 정해서 공부할 예정입니다. 매 수업마다 한두 명이 발표를 해주셔야 합니다. 우선 다음 시간 헌법과 관련된 논문 한 편입니다.

"발표하실 분 손들어 주세요?"

강의 첫 날을 잘 마쳤다. 한 학기 동안 같이 공부할 학생들을 만나고, 그들과 같이 공부할 내용을 점검했다. 이젠 내 몫이다. 어떻게 그들의 호기심을 끌어내고 채워줄 것인지 그 방법을 찾아야 한다. 지금의 남북 관계가 답답하지만 공부는 계속한다. 내가 공부한 것, 그리고 학생들이 공부할 북한의 외국인투자법제가 활발히 적용될 날이 조만간 다가오기를 바랄 뿐이다. 금요일 밤, 스스로 짐을 지고 돌아서는 길이지만 상쾌하다.

(2016. 7.)

교과서 없는 수업

2018년 봄학기, 북한대학원 대학교에서 '북한의 부동산법제와 남북통일'이란 과목의 강의를 했다. 첫 날 강의 내용을 소개한다.

수업에 참석하신 것을 환영합니다. 수강 신청한 10분은 직업과 나이가 다른 만큼 관심 분야도 다양해서 어떻게 강의해야 알찬 수업이 될지 부담도 됩니다. 오늘은 이번 학기 15주 동안 진행할 수업내용을 소개하겠습니다. 저는 지난 몇 달간 강의준비를 하면서 선행 연구를 검토하였습니다. 이미 다양한 논의가 진행 중이고 어떤 분야는 상당한 수준의 연구가 완료되어 있었습니다.

저는 이번 학기 3개의 시점(時點)을 기준으로 수업하려 합니다. 과거, 현재 그리고 미래의 시점입니다. 과거 시점은 남북한 부동산제도의 역사입니다. 우리나라의 역사는 오래되지만 이 수업에서는 대한제국, 일제강점기, 그리고 해방직후 남북한 양쪽에서 행해진 토지개혁과정을 중심으로 살펴보겠습니다. 부동산제도라는 것이 영구불변은 아니라는 것, 남북한이 토지개혁을 하게 된 이유, 과거에 형성된 제도를 어떻게 받아들여야 할지를 살펴보겠습니다. 참고자료로 황순원의 소설 『카인의 후예』를 추천합니다. 1915년 평안남도에서 태어난 황순원은 1950년대 한국을 대표하는 작가지요. 이 소설은 지주가 토지개혁 시기를 견디는 이야기로 지주와 소작인 딸의 시선을 통해 당시 북한지역에서 벌어진 토지개혁을 간접 체험할 수 있습니다.

현재 시점은 남북한의 현행 토지제도입니다. 특히 북한의 토지제도와 관련된 법령을 살펴보겠습니다. 토지법, 토지임대법, 부동산관리법, 살림집법 등이 있습니다. 북한에서 토지에 대해 '혁명의 전취물(戰取物)'이라는 정치적 표현을 하는 이유, 모든 토지가 국가소유인 북한에서 토지를 이용하는 방법은 무엇인지, 현재 북한에서 벌어지는 아파트 거래실태를 어떻게 보아야 할 것인지를 공부하겠습니다.

미래 시점은 언젠가 통일이 될 때에 북한의 토지제도를 개편하는 문제입니다. 과거 북한 당국이 몰수한 토지를 어떻게 처리할 것인지, 등기제도가 사라진 북한에 새로운 지적과 등기를 도입하는데 따른 문제는 무엇인지, 통일 당시 북한 주민이 살고 있는 집과 그들이 경작하는 땅을 어떻게 처리할 것인지의 여부 등 쟁점이 많습니다.

세 단계의 공부를 마치면 여러분은 북한 부동산제도에 대해 기본적인 것은 대부분 알게 될 것입니다. 저는 여러분이 여기서 멈추지 말고 한 발짝 더 나아가기를 희망합니다. 기존 연구에서 다루지 않았던 관점(觀點)을 가져보시기 바랍니다. 여러분은 석사, 박사과정의 대학원생들입니다. 여러분들이 하는 공부는 정답이 정해진 것이 아닙니다. 북한 부동산제도와 관련해서는 다양한 관점이 있다는 것을 공부하는데 그칠 것이 아니라 그런 문제에 대한 기존의 주장이 합리적인지, 그 주장이 우리 사회의 발전방향에 맞는지를 생각해 보아야 합니다. 바로 그것이 이 수업의 목표입니다. 그런 점에서 저는 3개의 관점을 추가로 제시합니다.

첫째는 남한 주민의 관점입니다. 지금 우리의 입장이지요. 남한과 다른 북한의 토지제도는 이상한 것이고, 낙후한 것이다. 통일이 되면 북한의 토지제도를 남한의 것과 동일하게 만들어야 한다. 그 과정에서 북한 주민을 보호해야겠지만 해방시기에 몰수된 토지의 소유자들도 보호해야 하고, 공공개발도 해야 한다. 북한법을 공부한 김에 북한지역에 투자해서 돈을 벌면 더욱 좋겠다는 관점입니다.

다음은 북한 주민의 관점입니다. 지금 그곳에 살고 있는 사람들 입장에서 생각해 보는 것입니다. 통일된 나라는 어떻게 달라지는가? 현재 살고 있는 집과 경작지는 그대로 계속 나의 것이 되는가? 지금처럼 당

간부는 좋은 집에서 계속 살고, 노동자는 좁은 집에서 계속 살아야 하는가? 통일이 되면 무엇이 좋아지는가? 북한주민도 남한 사람처럼 잘 살 수 있게 되는가? 생각해 봅시다.

마지막은 제3자의 관점입니다. 남한도 북한도 아닌 제3자는 누구일 까요? 그는 외국인이 될 수도 있고, 미래의 사람이 될 수도 있습니다. 현재의 남북한 토지제도가 바람직한 것일까요? '금 수저, 흙 수저'란 말 이 나오는 남한의 토지제도나 주민의 살림집조차 제대로 보장하지 못 하는 북한의 토지제도 어느 것도 완전하진 않습니다. 그렇다면 통일이 라는 사건을 계기로 보다 나은 제도를 찾아야 할 것입니다. 통일을 계 기로 보다 정의로운 제도를 만들고, 자유와 권리를 신장시켜 주는 방법 을 찾아보자는 것이지요. 그런 이상적인 부동산제도는 어떤 것일까요?, 그렇게 되기 위해서는 현재의 제도를 어떻게 개선해야 하는지를 생각 해봅시다.

저는 남북한의 통일이 새로운 사회를 만들 계기가 되어야 한다고 생 각합니다. 흡수통일을 통해 남한의 영역이 북한까지 확대되는 것도 의 미 있겠지만 통일이 영토의 확장에 그친다면 미완성입니다. 통일은 과 정에서 남북한이 서로를 존중하는 절차를 거쳐야 할 뿐만 아니라 결과 로서 통일된 나라는 기존의 남북한보다 나은 나라가 되어야 합니다. 자 유와 인권이 만발하는, 온갖 분별과 대립이 극복된 이상적인 세상 곧 불교에서 말하는 화엄세계를 추구해야 합니다. 유럽의 여러 나라들이 만들고 있는 복지국가, 세계인권선언이 추구하는 인권이 보장되는 국 가, 그런 국가를 우리도 만들 수 있습니다. 물론 그 과정에서 극복해야 할 장애물도 많겠지요. 그런 장애물은 우리 모두가 함께 노력해서 제거 해야 합니다. 무엇이 장애물이고 어떻게 극복해야 할지는 우리가 공부 합시다. 이 수업에서 그런 고민도 같이 하기를 바랍니다.

매 학기 강의를 하면서 느끼는 것은, 사람들이 생각하는 것은 비슷하다는 사실입니다. 우리가 하는 고민은 다른 나라 사람도 했습니다. 지금 고민하는 것은 다른 시대의 사람도 했습니다. 부동산제도에 대해서도 우리만 이런 고민을 한 것이 아니라는 말씀을 드립니다. 사회주의 체제가 시장경제 체제로 변화하는 과정에서 부동산 제도를 바꾼 나라가 여럿 있었습니다. 러시아와 동유럽의 국가들, 중국과 베트남 그리고 동독이 경험했습니다. 변화를 거친 나라마다 그 과정이 서로 다릅니다. 이것을 참고해야 합니다. 다행히 선행연구들이 있으니 잘 찾아서 공부해 보겠습니다.

마지막으로 드릴 말씀은 현재 남한의 부동산제도를 절대 불변의 것으로 보지 말자는 것입니다. 지금 남한의 부동산제도는 100년 전 대한제국 때나 70년 전 해방 무렵과는 많이 다릅니다. 그렇다면 향후 30년이나 100년 후에도 현재의 제도가 유지될 것이라 단정할 수는 없습니다. 그럴 필요도 없습니다.

생각을 자유롭게 하고 공부해 봅시다. 이것이 교과서 없이 하는 이 수업에서 얻어야 할 것입니다. 여러분은 현재의 남한 제도에 얽매이지 말고 새로운 차원에서 통일된 한국의 부동산제도를 구상해 보시기 바랍니다. 이런 의문을 제기하고 답을 찾아가는 과정이 공부라고 생각합니다.

다음 주는 토지제도의 역사와 토지개혁 과정을 공부하겠습니다. 오늘 수업 마치고 귀가하면서 여러분이 해방 정국의 남북한 정치지도자라고 상상해 보십시오. 그런 후 새로 건국할 나라의 부동산제도를 어떻게 설계할지 그림을 그려보십시오. 다음 수업시간에 여러분이 그린 그림과 해방 무렵에 있었던 실제 역사 사이에는 어떤 차이가 있는지, 왜 그런 차이가 생겼는지 논의해 보시다. 오늘 수업은 이만 마치겠습니다.

(2018. 3.)

상상력 발휘하기

금요일 저녁 7시, 북한대학원 대학교 '남북경협과 법제도' 강의 시간, 수강 신청한 학생은 20명, 대학원 수업으론 많은 편이다. 첫 시간에는 학생의 자기소개에 이어서 수업목표와 강의내용을 소개한다. 학생은 다양했다. 변호사가 대여섯, 남북경협관련 업무 경험이 있는 분이 서 넛, 북한에 대해 처음 공부한다는 분도 몇 분, 나이도 다양하고 법률에 익숙한 분과 그렇지 않은 분들도 절반씩 섞여있다. 학생의 다양성을 강의에 어떻게 반영할지는 내가 고민해야 할 문제다. 학생들 소개에 이어 내 소개와 강의 소개를 한다.

매주 3시간씩 한 학기 동안의 강의를 통해 여러분들과 함께 공부하고 싶은 것은 이런 것입니다. 남북경협을 하는 데 법제도가 필요할까요? 만일 필요하다면 어떤 법이 있어야 할까요? 이런 근본적인 의문을 먼저 제기해 봅니다. 이어서 기존에 남북한사이에 제정된 남북경협과 관련된 법은 어떤 것이 있으며, 그런 법들은 언제 제정되었고 제정된 이후에 어떻게 변해왔는지 살펴보겠습니다. 남북경협이 시작된 지 30년이 되었습니다. 그동안에 우여곡절이 많았습니다. 수업에서는 과거와 현재를 살펴볼 것입니다. 과거와 현재를 살펴보는 이유는 향후 남북경협을 제대로 하기 위해서는 어떤 법과 제도가 필요한지 생각해 보기 위함입니다. 구체적으로는 경협이 재개될 장래에 어떤 방향으로 법이 제정 또는 개정되어야 하는가를 생각해 보자는 것입니다. 이것이 수업의 목표입니다. 이런 고민은 누가 해야 할까요? 정부 공무원이나 국회의원들의 일이겠지만 나라의 주인인 우리들, 특히 북한학을 공부하는 여러분들도 주인의식을 가지고 공부할 수 있습니다. 법과 제도는 원칙과 실무가 섞인 영역이라 범위가 방대합니다만 각자가 자신의 관심영역에 대해 고민할 수 있습니다. 특히 현업에서 일하는 부분과 관련해서 연구를 하면 재미도 있고 유익한 성과를 낼 가능성도 높습니다.

수업소개에 이어서 남북한 헌법을 읽으면서 두 헌법에 남북경협과 관련된 조항이 있는지를 살펴보았다. 남북한의 헌법을 읽으면서 두 나라는 상대를 어떻게 인식하고 있는지 생각해 보자고 문제를 제기했다. 두 헌법은 모두 통일관련 조항을 두고 있는데 그것은 곧 현재의 자신은 완전한 독립체가 아니라 통일을 지향하는 나라라는 점을 인정하는 것이고, 상대방을 통일의 상대방으로 인식하고 있다. 두 헌법에서 각자가 통일원칙과 방법을 정하고 있으나 구체성은 없었다. 남한 헌법은 자유민주적 기본질서를 바탕으로 하는 평화적인 통일을 통일원칙으로 정하고 있다.

대한민국 헌법은 전문에서 '조국의 민주개혁과 평화적 통일의 사명에 입각하여... 헌법을 개정한다'고 하고, 제4조에서 '대한민국은 통일을 지향하며, 자유민주적 기본질서에 입각한 평화적 통일정책을 수립하고 이를 추진한다.'고 함으로써 통일의 원칙과 방법을 정하고 있다. 한편 조선민주주의인민공화국 사회주의헌법은 서문에서, '공화국을 조국통일의 강유력한 보루로 다지시는 한편 조국통일의 근본원칙과 방도를 제시...'한다고 하면서, 제9조에서 '북반부에서...사회주의의 완전한 승리를 이룩하며 자주, 평화통일, 민족대단결의 원칙에서 조국통일을 실현하기 위하여 투쟁한다.'고 함으로써 북한 중심의 사회주의를 추구하는 통일원칙을 정하고 있다.

남북한 모두 상대를 통일의 대상으로 보고 있고, 통일원칙을 각자 규정하고 있을 뿐 통일에 대한 구체적인 절차규정이나 통일 후 현행 헌법의 유지 여부에 대한 내용은 없다. 최근에는 분단현실을 인정하고 평화를 추구하는데 집중하고 통일은 다음 세대에 맡기자는 주장도 있고, 남한 헌법 제3조의 영토조항을 개정하여 '대한민국의 영토는 군사분계선

이남의 한반도와 그 부속도서로 한다.'고 정하고, 제4조를 '대한민국은 한반도의 평화를 지향하며, 국익에 합치되는 경우 자유민주적 기본질서에 입각한 평화적 통일정책을 수립하고 이를 추진한다.'로 개정하자는 주장도 있다. 이런 주장에 의하면 통일을 할 것인지 여부는 미래 세대가 투표로 결정할 것이고, 이론적 근거는 민족자결권이 될 것이다. 한편 서독 기본법은 통일과정에 대한 구체적인 규정과 기본법의 존속 여부에 대한 규정까지 두고 있었다.

강의를 마치면서, 다음 주에 공부할 남북교류협력법 제정 과정에 대한 논문 2편의 발제자를 선정하고, 학생들에게 질문을 했다.

"1988년 노태우 대통령이 7.7선언을 한 후, 남한은 남북경협을 시작하기로 결정했습니다. 이때 여러분에게 남북경협과 관련한 법령을 제정하라는 임무가 부여되었다고 생각해 보세요. 세부적인 법절차는 몰라도 됩니다. 원칙과 방향에 대해서 생각해 보자는 것입니다. 여러분은 남북경협을 위해 어떤 법과 제도가 있어야 한다고 생각하십니까? 오늘 수업 후 귀가하면서, 또는 주말 동안에 생각해 봅시다. 상상력을 발휘해 보자는 것입니다. 제대로 된 남북경협을 하려면 어떤 제도가 마련되어야 할까요? 이 질문은 과거의 질문이기도 하지만 미래의 질문이기도 합니다. 현재의 남북관계는 북핵문제로 중단상태이지만 언젠가 남북경협이 재개될 것입니다. 그때 적용해야 할 남북경협의 원칙과 기준은 무엇이 되어야 할까요? 이번 학기 강의를 통해 여러분과 함께 공부해 나갈 사항입니다. 자유롭게 상상해 보시고 다음 수업시간에 자신의 생각과 실제 현실에서 작동되는 법제도 사이에 어떤 차이가 있는지 토론해 봅시다. 이상으로 수업을 마치겠습니다."

수업을 마치자 피곤했다. 꽁꽁 얼어붙은 남북경협의 역사와 개선방향을 찾아보려는 노력이 힘겨웠던가, 아니면 몇 달 만에 다시 강의를 하는 것이라 그런가, 수강생이 많은 대형 강의실 수업이라 그랬던 것 같기도 하다. 학생들에게 한 질문을 내 자신에게도 해 보면서 주말 동안 그 답을 찾으려 상상력을 발휘해 보아야겠다. 현재의 법제도를 잘 알고 있다는 것이 상상력을 막는 한계가 될 수도 있지만 현실을 아는 만큼 구체적인 고민도 가능할 것 같다. 한 학기 수업을 마칠 때에는 새로운 아이디어가 몇 개 생기면 좋겠다. 그런 희망을 품고 귀가했다.

(2019. 11.)

남북한 분쟁사례연구 과제물

2017년 하반기, 대학원에서 '남북한분쟁사례연구'라는 이름으로 강의했다. 주당 3시간씩 15주 수업을 모두 마쳤다. 강의 중 공부를 제일 많이 하는 사람은 가르친 사람, 바로 나였다. 강의준비하면서 새로운 사실을 알게 되고, 수업 중에 학생들과 대화를 하면서 평소 의문을 가지지 않았거나 막연하던 것들에 대해 다시 생각해 보았다. 강의교재는 매 수업마다 2개의 논문과 관련 법률인데, 그것을 모두 읽은 사람도 나뿐이지 싶다. 10명의 수강생과 3명의 청강생은 2번 정도씩의 발제를 했고, 마지막 수업시간에 10장 분량의 기말보고서를 제출했다. 학생들은 석사과정과 박사과정이 섞여 있었고, 법률공부를 한 사람과 그렇지 않은 사람이 절반씩 쯤이었다. 강의 후 성적처리를 하면서 그들이 제출한 기말보고서를 찬찬히 읽었다. 성과는 풍성했다.

학생 중에 변호사가 몇 분 있었는데 그중 한 분은 '남북경협 투자 기업에 대한 보상 문제'라는 제목으로 실제 분쟁사례를 연구했다. 평양대마방직회사는 평양에 공장을 세우고 가동을 시작했는데 그 얼마 후 남한의 5.24조치로 인해 남한 기술자의 방북이 어렵게 되었고, 이런 저런 이유로 결국 사업이 중단되었다. 다른 사례로 2016년 2월에는 북한의 핵실험과 미사일발사를 이유로 남한은 개성공단을 중단함으로써 개성공단에 진출한 기업들이 손해를 입었다. 대북경협에서 피해를 입은 기업들이 정부를 상대로 소송을 제기해도 승소할 가능성이 거의 없다. 지금까지 법원은 정부의 조치가 위법하지 않다고 했다. 정부조치는 국가 안보를 위해 행한 고도의 정치적 판단에 따른 것이기 때문에 그로 인해 기업이 손해를 입었더라도 어쩔 수 없다는 것이다. 그것은 북한이라는 위험한 지역에 투자한 기업이 감수해야 한다는 생각이다. 정부조치가 정당할 경우에도 피해를 입은 기업에게 손실보상을 할 수 있는데, 법원은 손실을 보상한다는 법률이 없기 때문에 손실보상도 할 수 없다고 했다. 결국 기업은 정부가 주는 은혜적인 조치를 기다릴 수밖에 없다. 정부는 정책적인 차원에서 저리대출을 하거나 위로금을 지급하는 등의 조치를 취해왔고, 피해 기업들은 그런 지원이 고맙지만 피해회복에는 부족하다는 입장이라 갈등이 지속되고 있다.

그 학생은 5.24조치나 핵실험과 같은 것이 통상적인 대북사업 리스크인지 의문을 제기하였고, 북한 정부의 조치로 인한 피해와 남한 정부의 조치로 인한 피해는 달리 취급되어야 한다고 주장했다. 손해배상이라는 경제적인 문제에 대해 법원이 안보문제를 우선적인 잣대로 판단하는 것이 타당한지 논의해 보자는 문제제기가 신선했다. 한 학기 동안의 공부를 통해 현재의 문제를 진단하고 장래 개선해야 할 방향을 제시했으니 제대로 공부한 것 같다. 마침 통일국민협약논의가 시작된다. 정경분리원칙을 어느 정도 선에서 합의할 수 있을지 진지하게 논의할 필요가 있다. 정치적인 이유로 경제문제에 개입하지 않겠다고 선언하고, 만일 부득이한 사유로 이를 지키지 못했을 경우에는 그로 인해 피해를 입는 기업의 손실을 보상해주겠다고 약속하면 좋겠다. 그렇게 되면 정부의 권한과 책임이 분명해진다. 남북한 간의 경제교류에 분쟁이 발생하는 것은 당연하지만 그 분쟁의 해결을 국회 앞 시위로 해결하는 것은 너무 후진적이다. 사회수준에 걸맞은 분쟁해결방안을 모색할 때가 되었다.

'관세환급 분쟁사례를 통해 본 대한민국의 영역'을 발표한 분도 있었다. 남한 법령은 "우리나라 안에서 임가공을 위탁한 경우"를 규정하면서 우리나라에 대해서는 별도로 정의하고 있지 않다. 우리나라의 범위를 어디까지로 볼 것인지가 문제다. 한반도 전체인지, 남한만인지, 혹은 남한+개성공단까지인지가 문제인데, 현재 법률과 판례이론에 의하면 3가지 사례가 모두 있다. 국가보안법 영역에서는 한반도 전체가 대한민국이고, 남북교류협력법 영역에서는 남북한은 별개이며 북한은 이중적 지위를 가진다. 관세환급특례법 영역에서는 개성공단도 대한민국에 포함된다. 위탁가공의 경우에 개성공단 내에서 가공한 것은 우리나라 안에 포함시키는 것이 타당하다. 우리나라의 개념이 3가지로 구분되는 것을 보면 남북한 사이의 분쟁해결이 복잡함을 알 수 있다. 발표자는 남북한의 분쟁이 남북한 정부 간의 분쟁뿐만 아니라 남한 주민 사이에서도 일상적으로 발생할 수 있다는 사실을 깨달았다. 현실은 법률로 재단하기에 만만치 않았고, 연구자가 연구할 것이 많다는 사실을 확인했다.

평소 말없이 조용하던 여학생은 '북한이탈주민 보호센터의 법적 문제점'을 제출했다. 탈북자들이 남한에 오면 보호센터에서 조사를 받게 되는데, 사실상 구금상태로 자신의 신분을 증명하도록 요구받는다. 국가 안보의 이름으로 장기 구금하는 현실에서 탈북자의 권리에 대해 연구했다. 보호센터와 하나원에 대한 실태조사에 의하면, 탈북자에 대해 적대국이자 가난한 나라인 북한에서 온 사람이라고 무시하고, 그들을 교육하는 사람들은 남한이 우위에 서는 것이 당연하다는 의식이 있다는 문제점이 발견되었다. 또한 탈북자에 대한 교육에서 북한의 것은 모두 부정적인 것으로 남한의 것은 긍정적인 것으로 규정하고 북한에서 습득한 문화, 교육, 역사를 모두 버리고 남한 것을 습득하는 것이 성공적인 정착이라 보는 문제도 있었다. 독일 통일의 경험을 볼 때 사람들 간의 통일이야 말로 가장 어렵고도 중요한 문제였다. 무조건적인 남한 우위의 시선을 거두고 탈북자에 대한 이해와 존중을 바탕으로 제도를 개선하자는 결론에 공감했다.

강의하면서 나도 잘 모르던 내용을 새로 알게 되었다. 공부는 일방적인 것이 아니라 쌍방적이다. 궁금증을 가진 사람이 내공 있는 상대방을 만나면 어디서나 배울 수 있다. 거기에는 남녀노소의 구분이 없다. 필요한 것은 자기가 가진 궁금증의 절박함이다. 대학원 수업이라 강의 중에 사실을 가르치는데 중점을 두지 않았다. 사실은 기존의 논문을 정리해서 알려주고, 왜 그런 결론이 나오게 되었는지, 그 결론에 찬성하는지 혹은 반대하는지, 그 이유는 무엇인지를 묻고 대답했다. 그런 토론과정에서 문제가 드러나고 생각이 깊어졌다.

기말보고서 주제의 다양성이나 내용의 깊이를 보면서 뿌듯했다. 학기 초 수업 시작할 때 북한에 법이 있는지조차 정확히 알지 못했던 학생들이 10장 분량의 보고서를 제출한 일, 그런 보고서를 준비하면서 기존 생각과는 다른 방향의 사고를 하게 된 일, 그런 사고를 하는 데 나의 강의가 도움이 되었다는 칭찬의 말에 보람을 느꼈다. 이런 논의가 강의실에서 그칠 일은 아니다. 남북문제는 현실영역에서 일상적으로 발생할 수 있는 것이고, 현재까지 발생하지 않았던 새로운 문제가 언제라도 발생할 수 있는 현재진행형의 영역이다. 수업시간에 열띤 토론을 하였듯이 현실에서도 그런 토론을 해야 한다. 학생들과 토론하듯이 시민들과도 토론하고 의견을 모아나가면 해결책을 찾을 수 있다. 남북한 사이의 법률문제, 공부할 것이 참 많다.

(2018. 1.)

만약에

  2022년 1월 하순 헌법재판소는 개성공단 전면중단조치 위헌확인 사건을 선고하였다. 선고 전날 낮, 통일부 공무원의 전화를 받았다. 헌법재판소로부터 내일 선고한다는 연락을 받았는데 위헌이라고 결론이 나면 어떻게 대응해야 하느냐고 물었다. 갑작스런 질문이었지만 그간의 진행경위를 들으면서 몇 가지 조언을 했다. 그러고 보면 2016년 2월에 중단조치가 내려진지도 벌써 6년이 되었다. 세월이 참 빠르다.

  선고 전날 저녁, 통일 활동을 하는 단체의 이사회에 참석하였는데 그곳에서 개성공단 입주기업의 대표를 만났다. 그에게 개성공단입주기업의 현황이 어떤지 물었다. 규모가 큰 기업들은 대체로 원만히 운영되고 있지만 소규모 기업들은 폐업한 곳이 많고 기업주가 자살한 곳도 있다고 했다. 그러면서 "막상 사건이 터지고 나서 보니까 남한법률이 참 허술하고, 중단조치가 내려져도 기업을 보호하는 조치는 미흡했다. 개성공단은 정부가 들어가라고 해서 들어간 것인데 중단조치 이후 대응할 방법이 없고, 기업은 현지에 건설한 건물이나 기계장치 외에도 영업권이나 신용 등이 큰 자산인데 그런 것을 보호하는 조치가 없었다. 장차 경협이 재개되더라도 기업보호조치가 없다면 기업들이 진출하기 어려울 수 있다."고 했다.

  선고 당일, 헌법재판소가 입주기업이 제기한 헌법소원을 기각했다는 뉴스를 보았다. 결정문 요약본도 인터넷에서 찾아 읽었다. 북한의 핵실험에 대응하여 남한의 대통령과 통일부장관이 개성공단을 전면중단한 조치는 정책판단이므로 존중되어야 하고, 안보와 관련된 정책판단은 '현저히 합리성을 결여한 것이 아니라면' 인정해야 한다고 판단했다. 이로써 입주기업의 마지막 희망은 사라졌다. 이제 입주기업 대표들이 할 수 있는 것은 정부청사나 국회에서 시위를 하거나 시민을 상대로 억울함을 호소하는 길뿐이다. 그런 시위를 할 기력이나 남았을까.

문득 이런 생각이 들었다. 만약에 헌법재판소가 반대로 결론을 내렸다면 어땠을까? 헌법재판소 결정문을 읽으면서 물음표를 표시한 곳이 여럿이다. 이런 사실에 대해 이런 판단을 하는 것이 맞는가? 논리 비약이 아닌가? 왜 이 사건에서는 정부조치에 대해 이렇게 관대할까? 하는 의문이 들었다. 만약에 반대의 결론을 내리기로 했다면 결정문은 어떤 논리로 작성했을까? 개성공단중단조치는 법률적 근거가 없는 것이고 적법절차도 지키지 않은 것이므로 헌법상의 재산권 보장 원칙에 위배되고 입주기업의 영업자유를 침해하였다고 결론지었을 것이다. 그렇게 결론지어도 될 것 같다. 반대의 결론이 났다면 그 다음에는 무슨 일이 일어날까? 우선 기자들이 통일부에 후속조치를 문의할 것이다. 통일부는 헌법재판소의 결정취지를 존중하여 입주기업의 손해를 배상하는 조치를 강구하겠다고 발표할 것이고, 기업주들은 드디어 국가가 자신들의 억울한 사정을 알아주었다면서 감격의 눈물을 흘릴 것이다. 그러면 다 해결되는 것일까? 아니다. 이 문제에 관심가질 또 다른 당사자가 있다. 북한당국도 논평을 낼 것 같다. 남한당국의 중단조치가 위헌임이 밝혀졌다고 주장하면서 개성공단 중단으로 인한 북측의 손해를 배상하라고 요구할 것이다. 그리고 일방적 중단이 위헌적 조치로 판명된 이상 조속히 공단을 재개하자고 제안할 것이다. 상황이 이렇게 되면 통일부는 공단 재개 문제를 고민해야 할 것이다. 사실 개성공단 재개는 남한 내에서도 꾸준히 제기되었던 이슈이므로 이 기회에 잘 되었다고 인정하고 재개를 논의하면 될 것이다. 그런데 막상 공단을 재개한다고 해서 문제가 바로 해결되는 것은 아니다. 남한당국이 북한 측에 배상할 것이 무엇일지, 일시에 직장을 잃은 북한 노동자에게는 어떻게 배상할지, 그동안 토지사용료를 받지 못한 북한 당국에게 사용료는 얼마나 지급해야 할 것인지, 입주기업들의 공장가동을 정상화시키기 위해서는 또 어떤 지원을 해야 할지 고민이 무척 많을 것이다. 아마도 담당공무원은 설 연휴를 반납했을 것이다.

6년 전 그때도 설 연휴기간이었다. 입주기업은 당직자를 제외하고는 대부분의 직원이 남한으로 설 쇠러 왔다. 그때 정부가 갑자기 중단조치를 하는 바람에 현장에 남았던 사람들이 허둥지둥 승용차에 짐을 싣고 빠져나오던 장면이 생각난다. 만약에 헌법재판소가 위헌이라고 결정했다면 뭔가 시끌벅적한 변화가 있었을 것이다. 여러 단체에서 대책회의도 하고, 더러는 변호사를 찾아다니기도 할 것이다. 그리고 위헌결정을 계기로 안보를 이유로 한 정부 정책도 법 절차에 따라야 한다는 인식이 높아질 것이다. 외국이 한국을 보는 태도도 달라졌을 것이다. 설령 한국 정부가 기업의 재산권을 침해하더라도 헌법재판소는 피해기업의 권리를 구제할 것이라는 믿음이 투자심리를 높여줄 것이다. 남한 정부도 장래에는 정치적인 이유로 남북교류를 제한하고 싶은 유혹이 생겨도 함부로 조치를 취하지 못할 것이다. 아마 남한의 국회는 개성공업지구 지원법에 입주기업의 권리를 보호할 법률 근거도 명확히 할 것이다. 입주기업들이 국가를 상대로 제기한 민사소송 사건도 심리가 재개될 것이다. 그동안 십여 건의 소송사건이 헌법재판소의 판단을 기다리면서 대기 중이었다. 법원도 중단조치가 위헌이라는 판단에 따라 구체적 손해액을 산정할 것이다. 만약에 그랬다면, 답답하던 현실에 변화를 줄 한 가닥 시원한 바람이 되었을 것인데...

헌법재판소가 기각결정을 하면서 아무런 일도 없이 그냥 끝났다. 선고시점이 대통령 선거운동기간 중이고 설 연휴 직전이라 특별히 뉴스가 되지도 않았다. 이런 결정을 하는 데 왜 5년이란 시간이 걸렸을까. 법률실무가 출신의 헌법재판관들에게 남북문제에도 법치주의를 적용해 달라고 기대한 것 자체가 무리였을까. 이럴 바에야 차라리 신속하게 결론을 내 주었다면 입주기업은 더 빨리 다른 대안을 찾지 않았을까.

이런 저런 생각이 든다. 개성공단 중단문제는 그냥 이대로 조용히 지나갈 것 같다. 북한에 투자하는 사업은 정부 조치에 따라 언제든지 중단될 수 있고, 남북한이 무슨 합의를 하든 그 말을 믿어서는 안 되고, 정치적인 이유로 사업이 중단되더라도 사법부는 보호하지 않을 것이다. 남북경협의 성패는 투자자 본인의 책임이므로 정부를 믿지 말라는 선례가 하나 더 생겼다. 찬바람이 분다.

(2022. 3.)

통일은 움직씨, 명사도 형용사도 아닌 동사다

민화협(민족화해협력범국민협의회)의 조찬강연행사에서 사회를 보게 되었다. 발표자는 박명규 서울대 사회학과 교수, 제목은 "2017년 한반도 통일기반 조성을 위한 우리의 과제", 참 두리뭉실한 제목이다. 지난 1년간 남북관계가 동결된 탓에 구체적으로 논의할 것이 별로 없었던 탓인가 싶었다. 제목이 두리뭉실하면 논의도 두리뭉실하게 되고, 그러면 참석자들이 얻는 것도 그럴 수 있다. 전날 실무자들이 보내준 발표문을 머리 보았는데 강연 제목과 달리 발표 내용은 알찼다. 찬찬히 되새겨볼 점이 있는 좋은 내용이었다.

행사 당일, 눈발이 드문드문 내리는 새벽 어둠을 헤치며 행사장에 도착했다. 일찍 온 편이라 자료를 보면서, 한 분 두 분 오는 대로 인사를 나누었다. 일찍 와서 기다리는 것 자체로 힘이 생기는 경우가 있다. 늦으면 그냥 미안하고 뭔가 잘못한 것 같은데, 조금 일찍 자리 잡고 있으면 여유가 생긴다.

차경애 공감포럼 대표는 여성단체의 원로답게 그냥 자리를 지켜주는 것만으로도 중심을 잡아주는 분이다. 이날도 환영 인사말씀을 따뜻하게 해 주셨다. 홍사덕 상임의장은 늘 새겨둘 만한 말씀을 하시는 분이다. 이 분이 마이크를 잡으면 귀가 쫑긋해진다.

"제가 프로기사와 친하게 지낸 적이 있었는데, 그 분이 그래요. 슬럼프가 길어지면 포석 공부를 한대요. 포석 공부는 바둑의 기초인데 기초 공부가 큰 도움이 된대요. 남북관계가 꽁꽁 얼어붙은 지금 우리가 할 일은 기초로 돌아가는 것이라 봅니다. 몇 달 전 두만강 수해 때 어린이 방한복을 보내는 운동을 했지요. 그런 당연한 일도 참 어려웠습니다."

박명규 교수의 강연이 시작되었다. 2016년, 남북관계를 되돌아보면 초라하다. 통상 남북문제는 대선이슈에서 후순위에 배치되지만 내년

평양에서 재판하는 날

선거에선 좀 더 앞 순위로 이동할 것 같다. 평화통일 전략구상으로 몇 가지 제안한다. 1989년 만들어진 '한민족공동체 통일방안'이 유효한지 재확인하자. 점진적, 단계적 통일방안이 현재에도 유효하다는 것을 국내외에 널리 알려야 한다. 통일과정의 중간단계에 대한 재구상이 필요하다. 교류협력과 평화공존의 관계를 보다 세밀히 살펴보자. 정서와 감정의 문제도 중요하다. '우리민족끼리'라는 말이 통일의 동력이 되는 데는 한계가 있다. 당장 해야 할 일은 교류의 접점을 찾는 것이다. 비핵화에 모든 대북정책을 연계시킨 것은 수정되어야 한다. 단계적 대응, 유연한 사고가 필요하다.

30분 정도의 강연과 이어진 네다섯 분의 질의응답까지 모두 마쳤다. 시간도 예정된 9시를 넘기고 있었다. "이상으로 발표와 토론을 마치겠습니다." 뒷자리의 분들은 주섬주섬 일어서고 있었다. 그때 중간쯤에 앉은 나이든 여자 분이 손을 번쩍 들면서 일어났다. 사회자가 미처 뭐라고 말하기도 전에 말하기 시작했다.

"질문 있습니다. 저는 평소에는 질문하지 않는데요. 교수님의 강연이 너무 충격적이라 한 말씀드리려고 합니다." 제지할 틈도 없이 말씀을 이어갔다. 떠듬떠듬 하는 말이 너무 진지해서 차마 말릴 수 없었다.

"저는 초등학교 때 6.25를 겪었어요. 나이든 사람들 중에 퍼주기가 싫다는 사람도 있고, 통일을 바라지 않는 사람도 있다는 것은 알지만 젊은 사람들은 다를 줄 알았어요. 저는 젊은 세대에 희망을 가지고 있었어요. 그런데, 교수님 말씀 중에 통일의식조사를 해 보면, 젊은 층은 통일을 원하지 않는다는 답변이 많다고 하셨어요. 저는 너무 놀라워요. 젊은 사람들이 '남한에 있는 친척도 잘 만나지 않는데 통일해서 뭐하냐?'고 말한다면 우리나라는 이제 어떡해요. 통일은 못하는 건가요?"

질문이 순진한 것 같기도 하고, 고지식한 것 같기도 했다. 발표자를 바라보았다. 알아서 대답해 주시죠, 라는 눈길로.

"학생들을 조사해 보면 통일을 원하는 비율이 나이든 사람들에 비해 현저히 낮은 것은 사실이지만 꼭 부정적이라 할 수는 없습니다. 학생들은 어른과 다른 활력이 있습니다. 학생들은 이렇게 말해요. 아프리카도 가고, 남미도 가는데 북한은 왜 못가느냐고 해요. 그곳으로 수학여행 가보자 그래요. 중국이나 일본으로 여행 가듯이 북한에도 그렇게 왔다 갔다 하면 되지 꼭 통일해야 하느냐고 합니다. 기성세대가 생각하지 못하는 참신한 발상을 많이 합니다. 저는 그들에게 희망이 있다고 봅니다. 새로운 세대는 새롭게 생각하는 것이지요. 앞으로 수십 년이 지나면 우리나라는 현재와는 다른 나라가 될 수도 있습니다. 이미 사람들이 달라지고 있어요. 기성세대의 통일관은 마치 가정에서 아버지가 하는 고리타분한 말씀 같은 것이지요. 그 말이 맞기는 한데 듣기는 싫다. 그러니 자꾸 말하지 마라. 짜증난다. 뭐 그런 것 같아요. 청년층의 대북감정은 그냥 북한이 싫다는 것입니다. 그런데 통일문제는 이성적인 측면뿐만 아니라 감성적인 측면도 중요합니다. 근대사회에서 주장된 이성중심의 세상이 전부는 아닌 것 같습니다. 이젠 민족이라는 말만으로 통일의 당위성을 끌어낼 수 없는 시대입니다. 민족을 넘어서는 새로운 가치관을 찾아야 합니다. 공동체가 되었던, 사회적 책임이 되었던, 혹은 인류보편의 인간다운 삶이 되었던, 우리 사회를 포용할 새로운 차원의 가치를 정립해야 합니다. 그래야 젊은 층의 열정을 끌어낼 수 있습니다."

질문이 다소 엉뚱했지만 발표자는 진지한 답변을 통해 새로운 분위기를 끌어내고 있었다. 그러면서 재미있는 말씀을 했다. '통일은 동사(動詞)다' 통일은 목표가 정해진 명사도 아니고, 통일된 상태를 의미하는 형용사도 아니다. 동적인 과정인 동사로 보아야 한다. 동사인 통일을 이루기 위해서는 관리역량이 필요하다. 이를 위해서는 통일을 인수분해해보자고 제안했다. 통일엔 정치뿐만 아니라 경제, 사회, 문화, 교육 등 모든 영역이 관련되어 있다. 분야별로 하나씩 점검해 보아야 한다.

오랜 기간 한 분야를 고민한 학자의 연륜이 드러났다. 기왕에 조금 늦어진 것, 사회자도 한 마디 했다. "교수님은 통일의 중간단계에 대해 가시적인 그림을 그려둘 필요가 있다는 말씀을 했습니다. 중간단계를 정립하지 않은 상태에서 바로 급변사태가 일어나면 분단보다 더 나빠질 수도 있다는 말씀인 듯합니다. 저는 최근에 통일과정을 소재로 한 소설을 읽었습니다. 『우리의 소원은 전쟁』(장강명, 예담, 2016)은 통일된 몇 년 후를 가정한 소설인데, 북한군인들이 마약장사에 손을 대고, 그 마약조직이 개성을 통해 남한으로 마약을 판매하는 일을 소재로 했습니다. 소설가의 상상력이 현실이 되는 경우가 많은데 그렇게 될까 두려웠습니다. 탄탄한 중간단계를 미리미리 잘 준비해야 할 것 같습니다."

행사를 마칠 때가 되었다. 홍사덕 상임의장에게 마무리 말씀을 부탁드렸다.

"즐거운 상상을 해 봅니다. 북한이 대외적으로 추진 중인 경제개발구가 26곳입니다. 이곳에 유치하기를 희망하는 사업을 쭉 적어서 광화문광장에 적어둡시다. 남한에는 950조원, 미화로 8천억 달러의 자금이 투자할 곳을 찾지 못해 단기부동자금으로 있습니다. 투자할 곳을 찾는 남한 기업과 그런 기업의 유치를 원하는 북한이 서로 경제협력을 논의하는 그런 흐뭇한 꿈을 꾸어봅니다. 개성공단 수준의 임금, 월 200불 수준의 임금이라면 당분간 매년 인상되더라도 투자기업은 경쟁력이 있을 것입니다. 그런 날이 오기를 기원합니다."

상황이 어렵지만 이른 아침부터 통일을 고민하는 사람들이 있어 다행이다. 겨울이야 참고 견디면 봄이 된다. 긴 역사에선 현재의 분단상태도 잠깐의 겨울일 뿐이라 믿는다.

(2017. 1.)

북한연구자들은 무슨 연구를 할까

지난 겨울 토요일 오후, 북한대학원 대학교 회의실에 9명의 박사들이 모였다. 학교는 박사들의 최근 논문을 모아 책으로 발간하는 프로젝트를 진행 중이다. 두 달 전의 첫 발표에서는 각자가 구상해 온 제목을 두고 토론하였고, 이날은 논문 초안을 발표하고 토론한다. 발표 주제가 다양하다. 남한에서 북한을 연구하는 연구자들의 문제의식이 넓고도 깊다. 남북문제가 그만큼 복잡하고 연구할 것도 많다는 의미다.

나는 "북한투자기업의 분쟁해결방안"이란 제목으로 북한법상 허용되는 분쟁해결제도인 협의, 신소, 조정, 중재, 재판제도에 대해 발표했다. 실제로 발생한 분쟁사례를 먼저 정리하고, 분쟁해결에 적합한 북한법상 분쟁해결제도는 무엇인지 살펴보았다. 기존 연구는 북한 내 분쟁해결제도를 믿을 수 없기 때문에 제3국에서 중재재판을 하는 것이 바람직하다는 주장이 대부분이었다. 하지만 모든 분쟁을 제3국 중재로 해결하기는 어렵다. 시간과 비용이 많이 들기 때문이다. 분쟁유형별로 적합한 북한 내 제도를 활용하자는 것이 나의 제안이다. 북한이 외국인투자 유치를 원하는 이상 북한 내 분쟁해결제도를 통해서도 대부분의 분쟁은 해결될 수 있을 것이라 믿는다. 과거 경험상 북한을 신뢰할 수 없다는 사람들의 주장도 일리는 있지만 미래가 과거와 꼭 같아야 할 이유는 없다.

이신재 박사는 '북한 심리전 부대의 베트남전 참전'을 발표했다. 남한이 베트남전에 참전한 것이야 널리 알려진 사실이지만 북한도 북베트남을 지원하기 위해 참전했다는 것은 금시초문이었다. 이런 사실은 2000년대 초반부터 자료가 조금씩 공개되는 중이다. 이 박사가 북한 심리전 부대의 활동내역과 의미를 추적하고 연구한 결과 북한이 수행한 심리전의 영향은 그리 크지 않았다. 논문에는 남한군인의 탈영을 유도하는 한글삐라도 여러 장 첨부되어 있었다. 남북한의 체제경쟁이 한반도뿐만 아니라 전쟁 중인 베트남지역까지 이어졌다는 것이 놀라웠다.

곽채원 박사는 '한국전쟁에 대한 영국의 인식'에 대해 연구 중이었다. 1940년대 영국 외교문서가 공개되고 있는데, 그 자료를 바탕으로 영국이 남북한을 어떻게 인식하였는지 연구한다. 한국에 대해 큰 관심이 없던 영국이 한국전쟁 파병을 계기로 정보 수집을 강화하면서 남한과 북한에 대해 자국의 입장을 정리해 가는 과정이 흥미롭다. 영국뿐만 아닐 것이다. 유럽이든 아시아 국가든 제3국이 남북한의 분단과 전쟁을 어떻게 보았는지 살펴봄으로써 당시 우리의 모습을 객관적으로 볼 수 있다. 문득 터키에서 한국전 참전지원병을 모집할 때 이야기가 생각난다. 형제국에서 전쟁이 났으니 도우러 가자는 말에 누구와 싸우느냐고 묻고, 나라가 둘로 나뉘어 서로 싸운다고 하자, 그러면 우리는 어느 편이냐고 질문하는 병사가 많았다. 남들이 보기에 남북한의 현재 모습도 그때와 마찬가지로 우스꽝스럽지는 않을까?

왕선택 박사는 '북미 정상회담과 국내정치'란 제목으로 2018년의 핫이슈였던 북미정상회담은 언제 어떻게 결정되었는지를 연구했다. 취재현장에서 활동하는 기자답게 생생한 자료를 바탕으로 현실감 있게 정리했다. 그의 연구에 의하면, 트럼프 대통령이 북미정상회담을 결정하는 데는 여러 가지 요인이 있었다. 참모그룹도 정무분야와 정책분야의 의견이 다르고, 국가 이익과 정권 이익이 뒤섞였으며 여기에 외부변수와 내부변수가 고려되었다. 왕 박사는 2018년 3월 8일 오후 4시 트럼프 대통령이 정상회담을 결단한 것으로 보았다. 한편 김정은이 비핵화 협상을 결단한 것은 3월 5일 오후 6시 무렵이라 한다. 청와대의 정의용 특사단과 회담한 후 결단한 것으로 보았다. 하나의 정책이 채택되기 까지 여러 가지 변수가 고려되고, 뉴스보도가 나오기 전에 내부적으로 치

밀한 논쟁이 있었다. 향후 남북관계에도 매 사건마다 이런 절차를 거칠 것이고, 취재현장의 기자들은 또 그 비밀을 찾느라 바쁠 것이다.

군인 출신의 이정곤 박사는 "한국전쟁 시기 북한군 전쟁계획 분석"을 발표했다. 1950년, 그 때로부터 상당한 시간이 경과했음에도 불구하고 한국전쟁은 여전히 그 전모가 밝혀지지 않은 것 같다. 최근 공개된 북한 자료를 통해 북한군이 어떤 계획을 세웠는지를 분석하면서 그동안 남한에서 북한 자료를 보지 않은 채 연구한 내용과 실제 북한군 자료를 보고 난 이후 연구의 차이점을 비교했다.

이 밖에도 북한의 경제특구에 4차 산업혁명을 적용해 보자는 연구, 남북한 평화체제에 대한 연구가 있었다. 당초 일정은 한 시간 정도 토론하고 인근 식당에서 저녁을 먹기로 했는데, 토론이 예정보다 길어졌다. 늘 그렇듯이 토론의 불이 제대로 붙으면 시간 가는 줄 모른다. 겨우 자리를 정리하고 인근 식당으로 옮겼다.

이어진 식사자리에서도 말은 이어지고, 여러 가지 이야기가 동시에 뒤섞여 나오기도 했다. 박사들의 수다도 만만치 않았다. 참석자들은 토론과정에서 논문의 주제만큼이나 다양한 관점을 제시했다. 북한에서 국가이익과 정권이익이 다를 수 있는지, 북한군의 베트남전 참전 정보가 2000년경에 흘러나온 이유는 무엇인지, 1940년대 영국자료는 어떤 형태로 존재하는지...

술을 한잔 곁들이자 대화 소재가 개인적인 것으로 바뀌었다. 북한연구자로서 살아가는 것이 팍팍하다거나, 지난해의 정상회담 이후에도 실무적인 차원에서는 큰 변화가 없어 답답하다는 의견에 이어, 직장생활하면서 북한연구를 계속하는 것은 눈치가 보여서 힘들다는 하소연까지 북한연구자들끼리만 나눌 수 있는 말이 한참 쏟아졌다. 해결책을 구하기 위한 것도 아니고 그저 한바탕 쏟아내고 싶었던 그런 저런 말에 얽혀 겨울밤이 깊었다. 귀가 길, 찬바람이 불었다. 토론과정에서 나온 다양한 의견이 또 다른 연구를 시작하는 계기가 되기를 바라면서, 봄이 되면 꽃이 만발할 거리를 걸었다. 북한 연구자들에게도 봄이 오기를 바라면서 큰 걸음으로 걸었다.

(2019. 4.)

통일한국을 준비하는 사람들

봉투 속에는 손 글씨로 쓴 편지가 들어 있었다. 강연을 마치고 나오는데 뒤 따라 온 송지연 회장이 건네준 것이다. "... 기꺼이 강연을 해주셔서 감사합니다. 이번 강연을 준비하면서 통일법제 분야에 애정을 갖고 계신 선배님께서 보여주신 모습에 여러 번 감동했고, 저희들도 그 발자취를 따라가야겠다는 생각을 했습니다. ...앞으로도 건강하게 앞서 가 주세요. 어서 뒤따라가겠습니다."

토요일 오후, 연세대 법학전문대학원 강당에서 한 시간 동안 강연했다. 행사를 주최한 '통일한국을 준비하는 법학전문대학원생의 모임', 약칭으로 통한법전은 단체가 생긴지 9년쯤 된다. 통한법전은 로스쿨 학생들이 만든 단체다. 변호사가 된 졸업생 선배들은 사단법인 통일법정책연구회를 만들어 활동 중인데 이날 행사에도 여러 명이 참석했다.

행사는 3부로 구성되었는데, 1부는 정세현 전 통일부장관이 '남북교류협력의 역사와 현재 그리고 미래'를 주제로 큰 그림을 그렸고, 2부에서는 필자가 '남북교류협력에서 법조인의 역할'이라는 제목으로 강연했고, 3부에서는 오용규 부장판사가 '북한 관련 소송의 현황과 쟁점'에 대해 발표했다. 이날 내가 한 발언의 요지다.

먼저 초대에 감사한다. 강연요청을 받고 청년세대와 대화하는 소중한 기회라 여겼고, 나의 생각과 경험을 전하고 싶었다. 나는 여러분을 통일한국이라는 공통의 목표를 추구하는 동지라 생각한다. 이 자리에선 내가 북한법을 연구하게 된 계기와 북한법을 공부하면서 걸어온 길에 대해 이야기하겠다.

1994년에 김일성이 사망했는데 그 당시 대부분 전문가들은 조만간 혹시 길어져도 3년 내 통일된다고 예측했다. 당시 판사였던 나는 통일

되면 누군가 북한지역에서 재판을 해야 할 텐데, 북한판사가 그 역할을 하기는 어려울 것 같고, 그렇다면 남한판사가 북한지역에서 근무할 수도 있을 텐데... 내가 지원해보자는 생각을 했다. 그런데 막상 북한에서 근무한다고 생각하자 북한에 대하여 아는 것이 거의 없었다. 나는 1963년생이다. 1953년 종전선언 10년 후 태어났고, 1980년대 초반에 대학생활을 했다. 대학 입학 후 당시 인기 도서였던 『해방전후사의 인식』을 읽으면서 해방 이후의 상황에 대해 교과서와 다른 설명도 가능하다는 것을 알게 되었다. 그때만 해도 북한을 진지하게 생각하지 못했다. 대학생활로부터 다시 10년쯤 지난 후 남북정상회담이 시도되고 김일성이 사망하는 등 상황이 급변하면서 북한에 관심을 가지게 되었다. 그것이 북한법연구의 시작이었다.

나는 2세대 북한법 연구자인데, 앞선 1세대 연구자들과 다른 점은 실용적인 연구를 중시하는 편이다. 2세대 연구자들은 민법이나 형법 등 기본법 외에 조세법, 행정법, 외국인투자법, 경제특구법 등 실제 대북교류시 적용될 법을 공부했다. 북한법에 대한 전문성이 쌓이면서 정부의 여러 부처에 개설된 북한법 관련 위원회에 위원으로 참여하게 되었다. 지금까지 통일부, 법무부, 대법원, 법제처 등 여러 곳에서 위원으로 활동하면서 내가 하는 공부가 실무에 활용된다는 것에 보람을 느낀다. 나는 북한대학원 대학교에서 공부를 계속하여 '북한 외국인투자법제연구'로 박사 학위를 취득하였고, 대학원에서 강의도 한다. 개설과목은 북한외국인투자법제연구, 남북한분쟁사례연구, 북한의 부동산제도 등이다.

북한법 공부를 계속하면서 어떤 분야에 어느 정도의 연구가 되었는지, 그 분야에 정통한 연구자는 누구인지를 알게 되었다. 지금까지의 북한법연구 수준은 높지 않다. 그 이유는 실무적으로 연구할 실제 사례가 부족하기도 했고, 연구자들이 북한법연구에만 전념할 수 있는 환경이 마련되지도 않았다. 지금도 북한법연구만으로 생계를 해결하기는 어렵다. 정치학이나 경제학, 그리고 최근에는 군사분야 연구가 북한연구의 중심을 차지하는데 비하여 북한법 연구에 대한 수요는 적은 편이다. 사정이 이렇다 보니 평생 북한법만 연구하면서 살고 싶어도 안정된 직장을 얻기가 어렵다. 여러분들에게 현실적인 충고 한 마디 하겠다. 여러분은 우선 생계를 해결하기 위한 능력을 기르는데 역점을 두어야 한다. 북한법 공부는 평생 한다고 생각하고 계속 관심을 가지길 바란다.

다음으로 연구자가 북한을 바라보는 시각이 중요하다. 최근까지 북한 연구에서 법률가의 역할은 적은 편이었다. 학회에 참석해 보면, 정치 경제 군사 문화 교육의 영역에 비하여 북한법 영역은 비중이 낮은 편이다. 그렇다고 하여 법률영역이 중요하지 않은 것은 아니다. 법률적으로 정리되어야 할 것은 많다. 향후 교류협력 단계로 진입하면 남북한 사이의 교류에 어떤 법을 적용할 것인지, 분쟁은 어떻게 해결할 것인지, 출입절차와 신분보장은 어떻게 할 것인지 법과 제도를 연구해야 한다. 또한 기업이 북한에 투자할 때 적용해야 할 법률에 대한 연구도 필요하다. 실무적인 차원의 연구뿐만 아니라 법제도적 측면, 구조적인 측면에 대한 연구가 필요하다. 당장 닥칠 현실의 법뿐만 아니라 장래의 법에 대한 연구도 필요하다. 법률분야에서 북한의 연구수준이 낮기 때문에 남한의 연구가 더욱 절실하다. 남한의 연구성과가 북한법에 반영될 수도 있기 때문이다.

내가 통한법전에 기대하는 점은 이런 것이다. 기성관념에 물들지 않은 새로운 시각에서 접근하기를 바란다. 현 시점의 남북한을 국제법적 시각에서 냉정하게 보고 미래로 나아가자. 여러분 세대가 해야 할 일이 있다. 남북한 사이의 체제경쟁의 역사, 극단적인 이데올로기의 대립에서 발생한 문제를 극복하자. 유신시대의 막걸리 반공법, 긴급조치 위반

사건 등 비합리적이었던 과거를 극복하고 이 시대에 맞는 대안을 마련하자. 또한 북한을 새롭게 볼 필요가 있다. 남한사회가 변화하고 있는 것처럼 북한사회도 변화하고 있다. 토지가 국유인 북한에서, 국가가 의무적으로 살림집을 제공해야 하는 북한에서, 사적인 부동산거래가 허용되지 않는 북한에서 살림집이 거래되는 현실을 어떻게 볼 것인가?, 배급제도를 기반으로 한 계획경제체제에서 장마당 거래가 생활이 된 현실은 또 어떻게 볼 것이며, 이자를 받는 소비대차가 금지된 북한에서 돈주의 금융거래를 어떻게 볼 것인지 연구하자. 이런 현상이 있다는 사실에서 한발 더 들어가 법률적으로 이런 현상을 어떻게 평가할 것인지에 대한 연구가 필요하다. 법률가답게 법적인 측면에서 연구할 필요가 있다.

마지막으로 강조하고 싶다. 새 술은 새 부대에 담자. '그거 되겠어, 그렇게 하는 것을 미국이 좋아하겠어, 예전에 해 보았지만 안 되더라.'는 식의 패배주의를 극복하자. 그러기 위해서는 실용적인 실무지식을 키워야 한다. 현재 북한은 어떤 상태인지, 북한이 원하는 것이 무엇인지를 정확히 이해하려 노력하고, 북한의 변화와 교류협력을 위해 법이 왜 필요한지, 법이 변하면 교류협력에 어떤 도움이 되는지, 실사구시적 입장에서 실용적인 공부를 하자. 지난해 있었던 남북회담 준비팀에 법조인이 참여하지 못했다. 그런데 남북한의 교류협력은 법과 제도로 마무리되어야 한다. 법치주의가 남북교류협력에서 예외가 될 수 없다. 남북교류협력시대에도 법조인의 역할은 무궁무진할 것이다. 스스로 북한법 연구의 길을 찾아온 여러분에게 경의를 표한다.

한 시간 강연을 마쳤다. 학생 몇 명의 질문을 받았고, 강연 후 복도까지 따라 온 참석자들로부터 인사와 추가 질문을 받았다. 학생들의 북한법에 대한 관심이 뜨거웠다. 행사장을 나와 집으로 가는 길, 교정을 걷는데 춥지 않았다. 겨울치고는 따뜻한 날씨였지만 그 열기가 햇볕 때문인지 북한법을 공부하겠다는 학생들의 열기 때문인지는 알 수 없었다. 이날 만난 학생들의 앞날이 밝기를, 그들이 공부한 북한법이 남북한 주민들의 삶에 기여할 기회가 오기를 기원하였다. 이날 새로 알게 된 것은 내가 등대가 되어가고 있다는 사실이다. 뒤 따라오는 후배들이 나를 그렇게 보고 있다는 말에 자세를 가다듬게 된다. 내가 한 일이라곤 북한법 공부를 시작하고 그것을 꾸준히 했을 뿐인데... 후배들이 나를 등대 삼겠다니... 스스로 보는 내 모습이 어색하다.

(2019. 2.)

북한 검사를 만났다

2020년 11월 대한변협 회의실, 통일문제연구위원 10여 명이 참석한 자리, "북한의 사법체제"라는 제목의 강의가 시작되었다. 북한에서 검사로 일하다가 탈북한 발표자는 탈북 과정과 현재의 생활에 대해 간단히 소개한 후 강의를 시작했다. 10년간 군복무 후 H시 인민위원회 법무부 종합지도원으로 일하던 어느 날 도검찰소 부부장이 불러서 갔더니 자신을 검사로 임명한다고 해서 감격했던 장면을 자세히 설명했다. 남한이든 북한이든 검사는 대단한 자리인 듯싶다. 북한에선 검사가 되는데 특별한 시험이나 자격요건은 없다. 북한의 검사를 남한 검사와 비슷하다고 볼 수 있을지 궁금해졌다. 그가 북한 검사의 업무에 대해 설명하는 사이에 참석자들이 질문하기 시작했다.

범죄자는 주로 어떤 사람이냐고요? 여자가 많은 편입니다. 왜냐하면 여자들이 경제활동을 하기 때문이지요. 남자들은 뭐하냐고요? 남자들은 집에서 술이나 먹고... 낮전등이라고도 하지요. 하는 일이 없다는 말입니다.

검사가 수사하는 과정이 궁금하다고요? 먼저 신소 등으로 범죄정보를 입수하면 주변 정보를 조사하지요. 조사가 웬만큼 되면 혐의자를 만나 "니 어째 그랬냐?"고 물어요. 그리곤 진술서를 받고, 의견서를 작성하고 처장과 사건 부소장에서 보고한 후 수사처와 예심처를 거친 후 기소합니다. 내부 보고 과정에서 "니 죽을 짓 안했지?"라는 질문을 받습니다. 조사과정에 문제가 없었는지 확인하는 것이지요. 북한은 일상적으로 주민들이 분노에 찬 상태이고, 시간이 지나더라도 복수를 하기 때문에 법기관에 있는 사람이라도 원한을 사지 않도록 조심해야 합니다.

나는 구체적인 일상이 궁금했다. 그래서 검사의 하루 생활을 설명해달라고 질문했다. 검사의 생활에 대해서 말씀드리지요. 아침 7시 30분에 출근하여 다 같이 사무실을 청소합니다. 오전에 그날 하루의 사업일 정을 촘촘히 보고합니다. 하루 종일 그 일정에 따라 일하다가 저녁 9시에 사무실에 모여서 사업총화를 하는 것으로 마칩니다. 사업총화가 뭐냐구요? 일일보고를 하는 것이지요. 검사가 청소를 한다는 말에 깜짝 놀라는 사람들이 있었지만 정작 그는 아무렇지도 않았다.

재판에서 무죄를 받는 경우가 있느냐고요? 수사과정에서 다 조사해서 밝혀놓았기 때문에 그런 경우는 거의 없어요. 만일 수사가 잘못되었다고 판명나면 예심으로 반송해서 다시 조사합니다. 재판은 보통 그날 하루에 끝납니다. 수개월간 예심과정에서 미리 조사를 하기 때문이지요. 재판에 수개월이 걸리는 남한 변호사들은 당일 재판이 끝난다는 말에 놀란 표정이다. 북한의 예심은 남한에는 없는 제도인데 여기서 유무죄가 가려지기 때문에 최종 재판은 예심결과를 확인하는 선에는 진행되는 것 같았다.

법조인의 생활수준에 대해 설명해 달라고요? 북한에도 판사, 검사, 변호사가 있습니다. 원래 판사의 지위가 높지만 생활하기는 검사가 더 낫지요. 검사는 지적을 할 권한이 있어요. 검사가 상대에게 "저 어찌 저런가?"하면서 지적하면 상대방이 꼼짝 못합니다. 주민들이 자기 사건을 조사해 달라고 검사에게 청탁할 때도 있어요. 그러면 "조사해 주면 내게 뭐가 생기나?" 물어 봅니다. 사건이 조사할 만하다고 판단하면, "오토바이 하나 대라."고 요구합니다. 뇌물을 받은 사건은 빨리 해결합니다. 그의 말을 들어보면 북한에서 뇌물의 효과는 확실한 편인 듯했다. 일상생활에서 뇌물이 만연한 편이라 일종의 거래비용 기능을 하는 듯 했다.

판사는 인민회의 선거로 선출하는데, 판사는 검사처럼 주민들에게 지적질하기 어렵단다. 1심 재판을 담당하는 판사와 인민참심원을 선거로 뽑는다는 것은 남한과는 완전히 다르다. 북한에선 판사가 될 자격에도 시험과 같은 특별요건이 없기 때문에 결국 당에서 선발한 사람이 판사가 된다. 변호사도 잘 사는 편입니다. 이혼사건이 많은 편인데 통상 시군별로 300쌍 정도의 이혼사건이 늘 있어요. 변호사는 이혼사건을 처리해 주고 돈을 많이 받기 때문에 안전하게 벌어먹는 편이라 한다.

판사나 검사의 월급이 궁금하다고요? 제가 받은 월급은 북한 돈으로 3천 800원 정도인데 일반 근로자 수준입니다. 검사에겐 매월마다 가족 포함하여 배급을 주는 것이 차이라면 차이지요. 그의 말을 들어보면 북한 법률가의 사회적인 대우는 일반인과 다른 점이 별로 없고 배급제도가 붕괴된 시기에도 안정적으로 배급을 받는다는 것이 달랐다.

강의와 질의응답이 뒤섞여 2시간이 지났다. 회의를 마치고 근처 식당으로 자리를 옮기는데, 그는 일하러 가야 한다며 급히 떠났다. 강의 시작할 때 그는 지금은 임시직으로 일한다고 했는데 그 일 때문인지 밥 먹고 가라는 주변 사람들의 말에도 시계를 보면서 급히 떠났다.

북한법을 공부한지 20년이 넘었지만 내가 북한 법률가를 만난 것은 처음이다. 인민참심원 경험이 있는 여성을 만난 일은 있지만 그는 법률 전문가가 아니라고 스스로 선을 그었다. 북한 검사의 이야기를 직접 듣는 것은 흥미로웠다. 그의 이야기를 종합해보면, 남한과 비교하여 북한 검사의 지위는 낮아 보였다. 아침에 청소하고 그날 할 일을 사전에 보고하며 저녁에 다시 그날 한 일을 점검하는 업무방식이 그렇고 지방도시에 수십 명의 검사가 있다는 것도 그랬다. 북한 검사는 남한의 수사 경찰과 비슷한 것 같기도 하고... 하여튼 남한과는 달랐다.

이날 발표자는 초반에는 다소 어색해 하고 주눅이 든 것 같더니 분위기가 무르익자 당당하게 이야기를 풀어나갔다. 수사방식에 대해 질문하자, 기초조사를 한 후 "너 왜 그랬니?라고 묻는단 말입니다. 그러면 상대는 꼼짝 못하지요"라 설명하는데 신이 나는 표정이었다. 한번은 그의 상급자가 자신이 수사 중인 여성에 대해 무마해 달라는 청탁을 한

적이 있었다. 무슨 사이인지 물었더니 말을 안 하기에 "바람쓰는 관계입니까?" 되묻고 그렇다고 하기에 덮은 적도 있다.

　검사라는 경력이 있지만 남한에 와서 당장 할 일을 찾지 못해 임시직 일을 한다는 말에 놀랐다. 나중에 다시 만나면 무슨 이야기를 할까, 북한법을 공부한 그와 내가 힘을 합하여 할 수 있는 일이 있을 텐데, 그게 무엇일까, 그것을 찾고 싶다. 탈북 전에 그가 생각했던 남한과 현실의 남한은 얼마나 다른지도 물어보고 싶다.

(2021. 1.)

북한과 베트남

대학원에서 북한법을 강의하면서 품었던 의문 중의 하나는 '북한은 왜 베트남과 중국처럼 변화하지 않는가?'였다. 베트남과 중국은 공산당이 지배하는 나라지만 시장경제를 도입하여 경제발전을 이루었다. 지난 수십 년간 이들 두 나라가 이룬 성과는 상당하다. 그런데 왜 북한은 이들처럼 변화하지 않는가, 아직 때가 멀었는가 아니면 북한에겐 특별한 이유가 있는가 궁금했다.

10년 전쯤 박사학위논문을 준비하면서 베트남 외국인투자법을 통해 북한의 변화를 전망해 보자는 생각을 하고 베트남 자료를 수집하기 시작했다. 하지만 외국인이 접근할 수 있는 법률 자료가 많지 않고, 베트남어 해독도 어려웠다. 우여곡절 끝에 학위논문의 주제를 북한외국인투자법제 연구로 수정하였다. 그때 끝내지 못한 베트남 법제도가 늘 궁금했다. 그러던 중 『베트남과 북한의 개혁 개방』이란 책을 발견하였다. 이 책은 '북한은 왜 개혁 개방에 실패했을까?'라는 부제를 달고 있다. 저자 이재춘은 외교부 공무원으로 근무하다가 퇴직한 분인데, 베트남 한국대사관 공사로 근무한 경력이 있다.

이 책은 베트남과 북한의 개혁 개방정책의 차이점을 분석하였다. 첫째, 정치체제가 다르다. 베트남은 집단지도체제인 반면 북한은 절대적 권력을 가진 지도자 한 사람에 의해 결정된다. 베트남은 정기적으로 지도자를 교체하고 위기 극복에 주력하는 반면에 북한은 유일지도체제를 유지하는 것이 목표이다. 둘째, 베트남은 1990년 소련과 동유럽 사회주의 진영이 붕괴하면서 의지할 국가가 없어지자 서방국가와 관계 개선할 필요성이 높았던 반면 북한은 중국이라는 후원국이 있어 정책 선택의 폭이 넓었다. 셋째, 베트남은 통일을 이룬 후에 개혁 개방정책을 추진한 반면에 북한은 경제력이 40배 이상 우세한 남한이란 경쟁자가 존재한다. 넷째, 베트남은 미국과 관계개선을 도모하여 국제금융기관과 서방국가의 자본을 유치하였던 반면에 북한은 핵개발 정책을 추진함에 따라 미국과 관계가 악화되었고, 경제제재로 서방국가들의 자본을 유치할 수 없었다. 결국 북한이 개혁 개방으로 나가지 못한 것은 유일지도체제 붕괴우려, 남한에 의한 흡수통일 우려, 북한의 핵개발 정책으로 집약할 수 있다. 북한이 개혁 개방으로 나가려면 이런 요인들이 먼저 해소되어야 한다.

책의 결론은 평소의 내 생각과 비슷하다. 책을 읽으면서 베트남의 제도변화에 대해 좀 더 자세히 알게 되었고, 기존에 알던 베트남 사회에 대한 생각의 근거가 명확해 졌다.

자, 그러면 이제 나는 무엇을 해야 할까? 베트남과 북한의 정치상황이 다른 것은 현실이고, 그런 현실이 변하지 않는다면 북한도 변하지 않을 것이라고 단정지어 버리고 나면 선택할 수 있는 가능성은 북한 정치의 변화, 특히 지배구조의 변화를 추구하는 것이다. 이것은 정치학자들이나 군사전문가들이 주로 연구하는 분야이고 법과 제도를 연구하는 내가 나설 영역이 아니다. 여기서 내 질문은 다시 시작된다. 그러면 나는 무슨 연구를 해야 하나? 북한과 베트남의 상황이 다른 것은 맞는데 그 다른 점에서 해법을 찾을 수는 없을까? 나는 남한의 존재에서 실마리를 찾으려 한다.

남한은 북한에게 어떤 존재인가? 이웃이자 통일을 향한 경쟁자다. 남북한은 국경을 맞대고 있는데, 남북한 사이의 국력 차이는 40배가 넘는다. 이런 현실에서 남북이 체제경쟁을 계속 한다면 북한은 자구책을 찾을 것이고, 그것은 핵무기 개발의 한 원인이기도 하다. 여기서 두 가지를 생각해 본다. 하나는 이웃이기 때문에 협력을 계속할 수밖에 없다는 측면이고, 다른 하나는 남한의 경제발전 경험이다. 남북한은 어느 한쪽 혼자만 잘 살 수 없다. 분단 이후 지금까지 체제경쟁으로 인한 정치적 피해는 말할 것도 없고, 감염병이 생기거나 홍수나 산불이라는 자연재해가 생기면 폭이 수 킬로미터 떨어진 다른 쪽에서 그 영향을 피하긴 어렵다. 더구나 자연재해에 대한 대응은 멀리 떨어진 외국과도 협력하는 것이 지금의 국제현실이다. 지구공동체에 속하는 남북한의 협력은 숙명일 뿐만 아니라 국제사회에 대한 의무다.

다음으로 선진국이 된 남한의 존재다. 북한입장에서 남한이 자신을 흡수 통일할 것이란 두려움을 갖는다면 그 두려움을 없애주어야 하고, 북한이 경제성장에 관심을 가진다면 남한이 경제성장한 경험을 알려주면서 서로 상생하는 방안을 찾자고 제안해야 한다. 상생(相生)은 남한 사회에서 대기업과 중소기업 간의 협력에서 사용하는 말이지만 서로 격차가 있는 양측을 하나로 묶을 좋은 수단이다. 상생협력은 서로의 이익을 위해 협력하는 공동의 활동이다. 이제부터는 '퍼주기'라는 비판을 받았던 기존의 일방적인 지원을 넘어 대등한 당사자끼리 협력하는 구조를 만들어 나가야 한다.

남한입장에서도 북한이 잘 사는 것이 더 낫다. 통일을 언제 어떤 형태로 할 것인지는 교류협력의 상황이 무르익은 이후에 남북 주민들이 투표로 결정할 문제이다. 남북한이 당장 해야 할 일은 교류협력인데, 전면적인 교류협력 추진에 인색할 이유는 없다. 남북한 사이에 교류협력을 우선하자는 것은 30년 전 남한이 만든 민족공동체 통일방안의 내용이고, 지금까지 이 방안에 대한 반대의견은 없다.

가야 할 방향은 명확하다. 남북한이 두 개의 나라라는 현실을 인정하고, 시선을 미래에 두면서 교류하고 협력할 방안을 찾아야 한다. 북한은 베트남과 달랐기 때문에 지금까지 변하지 못했지만, 이젠 남한이라는 새로운 당사자의 힘으로 북한의 변화를 유도하고 지원해야 한다. 내가 생각하는 미래는 현재의 남북한 중 어느 한쪽의 제도로 통합하는 것이 아니라 남북한이 가진 현실사회의 모순을 제거하면서 인류보편의 이상을 추구해 나가는 사회다. 나는 그런 미래의 통일한국에 대해 공부하려고 한다. 그 시작은 남북이 서로 협력하기 좋은 분야부터 할 것이다. 환경, 기후변화, 평화, 인권, 에너지, 산림, 관광, 이런 주제들에 대해 법률가들의 관심은 깊지 않았다. 이제부터 하나씩 공부해 나가려 한다.

지금 나의 북한공부는 남북한의 환경문제부터 시작한다. 북한이 기후변화의 피해를 많이 보고 있다는 자료, 전 세계적으로 시민단체들의 정부에 대한 환경보호 요구가 강해지고 있다는 자료, 그리고 북한이 주장하는 환경문제를 연구한 논문을 보았다. 이젠 그런 연구를 하는 분들을 찾아서 만나고 법과 제도는 환경문제에 어떻게 관여할 수 있을지 연구할 계획이다. 생각할수록 연구할 것이 많다. 눈 밝은 사람을 만나 내 눈이 번쩍 뜨이기를 기다리며 자료를 모으는 중이다. 창밖의 숲을 보면서 나의 북한공부도 저 나뭇잎처럼 무성해 지기를 소망한다.

(2020. 5.)

무하국(無何國) 이야기

"

가상의 나라를 하나 만들었다. 어디에도 없는 나라, 무하국이라 이름
지었다. 가끔 남북한이 서로 다투는 모습이나 주장하는 내용이 유치해
보일 때도 있었고, 대립의 정도가 극한에 다다라 도대체 해결의 실마
리를 찾기 어려운 때도 있었다. 그럴 때마다 한 발 떨어져서 냉정하게
현실을 보고 싶었다. 장자를 읽다가 우화의 형식으로 글을 써 보자는
생각을 하게 되었다. 몇 년간 쓴 것이라 배경이 일관되지는 않는다. 그
저 한번 웃어주면 좋겠다.

"

무하국의 연(鳶)

먼 옛날, 중국 서쪽에 무하국이란 나라가 있었다. 첩첩산맥을 넘어 무하국에 들어가면 두 강 사이에 길쭉한 땅이 있는데, 그곳에는 생긴 것이 비슷한 사람들이 이룬 두 마을이 있었다. 하는 짓이나 말이 같은 것으로 보아 예전에는 같이 살았을 법한 두 마을 사람들은 언제 적부터 인지 서로 내왕하지 않았다. 동쪽 마을 사람은 물 건너 동쪽으로만 다니고, 서쪽 마을 사람은 물 건너 서쪽으로만 다녔다. 더러 소금이나 약재를 구하러 옆 마을 방향으로 갈 일이 있어도, 또 급한 일이 있어도, 가는 곳이 이웃마을 방향에 있으면, 이웃마을을 거치지 않고 먼 길을 둘러, 큰 산을 넘어 다녔다. 그렇게 다니느라 고생이 심했다.

두 마을 사람들은 서로 접촉하지 않을 뿐만 아니라 서로 상대를 두려워했다. 왜 두려워하는지를 정확히 아는 사람도 없었다. 오래 전부터 상대지역에는 무서운 질병이 있어 가까이 다가가기만 해도 불치병에 걸린다고 믿었다. 왜 그런 믿음이 생겼는지 모르지만 모두 그렇게 믿었기 때문에 이젠 누구도 그 말의 진위를 따지지 않았다. 간혹 이웃 마을 사람도 우리와 똑 같은 사람이니 친하게 지내자고 말하는 사람도 있었지만, 알 만한 사람이 어린 사람들 선동한다고 야단맞기 일쑤였다.

두 마을 사이에는 '어둠의 숲'이 있었다. 평소 사람이 다니지 않아 나무가 무성하고 새가 날고 토끼가 뛰어다니는 한적한 곳이라 이름도 어둠의 숲이 되었다. 봄이 되면 꽃이 피고 가을이 되면 열매가 열리지만 사람들은 가지 않았다. 그곳에 복숭아가 드문드문 있었다. 동쪽 마을엔 복숭아를 몹시 좋아하는 청년 도도가 있었다. 그해 여름이 깊어 동쪽 마을의 복숭아가 모두 사라졌지만 도도는 복숭아가 너무 먹고 싶었다. 또 다시 일 년을 기다릴 수가 없었다. 며칠 전 비로 강이 불어 강 건너 마을로 가기도 어려웠다. 청년은 숲 속에 복숭아가 있다는 동네 어른들

말을 떠올렸다. 어릴 적 할아버지로부터 그곳에 정말 맛있는 복숭아가 있다는 말을 들었던 것도 같았다. 아무도 몰래 숲으로 가서 복숭아를 찾았다. 저절로 익은 복숭아는 남은 것이 많지 않았지만 맛이 달았다. 처음에는 무섭더니 한두 번 다니기 시작하자 그 숲도 여느 숲과 다를 바가 없었다. 청년 도도는 마음이 울적하면 숲을 찾아 복숭아나무 아래에서 쉬었다.

그러던 어느 날 나물 캐러 온 여자를 만났다. 서로 눈이 마주쳤을 때, 저 사람은 선녀가 아닌가 싶었다. 놀란 가슴을 진정하고 말을 걸었다. 서쪽 마을에서 온 처녀 나나였다. 또 한번 깜짝 놀랐다. 서로 만나서는 안 되는 두 사람이 만난 것이다. 놀란 가슴을 안고 한동안 서로 바라만 보다가 각자 마을로 돌아갔다. 혹시나 만난 것만으로도 몹쓸 병에 걸리지 않았을까 걱정도 했다. 누구에게도 말하지 못한 채 제 몸의 변화를 관찰했다. 며칠이 지나도록 몸에 아무 이상이 없자 걱정이 사라지면서 그날 본 상대방의 얼굴이 떠올랐다. 동네에서 보던 친구들과 달라 보였던 그 얼굴은 밤하늘의 보름달 같았다. 도도는 시름시름 아프기 시작했다. 처녀를 만나지 못하면 죽을 것만 같았다. 기왕에 죽을 바에는 그 처녀를 만나서 말이나 해 보고 죽자 싶었다.

어느 보름날 밤, 청년 도도는 숲으로 갔다. 혹시라도 처녀를 만날까 기대하고, 만나면 손이라도 잡아보려 마음먹고 숲으로 갔다. 살금살금 뒤도 돌아보고, 앞도 헤쳐보고, 기분도 덩실덩실, 아무도 없으면 어쩌나 걱정도 슬금슬금. 달이 중천에 떴을 때 둘은 만났다. 나나도 도도를 그리워하긴 마찬가지였다. 이리 가까이 사는데 왜 서로 왕래하지 않았는지 알 수 없었다.

보름달이 뜨면 또 만나기로 하고 헤어졌다. 동쪽 마을의 총각 도도와 서쪽 마을의 처녀 나나는 혼자서 실실 웃는 일이 잦았다. 한 달이 그렇게 길게 느껴질 수가 없었다. 한 달 두 달 만나다 보니, 정이 쌓이고,

그러다 보니 혼인을 약속했다.

두 마을 사람들, 특히 부모들이 반대했지만 둘 사이의 애정이 깊었기에 어둠의 숲 속에 집을 짓고 사는 것을 조건으로 허락했다. 둘은 거기서 정답게 살았다. 아이도 남매를 낳았다. 숲에서 얻은 것을 들고 가끔씩 자기 마을로 가서 필요한 물건을 바꾸어왔다. 친구가 없는 남매는 연을 날리며 놀았다. 멀리 가지 못하는 답답한 마음을 연에 담아 하늘로 올렸다. 새 모양의 연이 높이 나르면 남매의 마음도 높이 올랐다. 동쪽 마을도 보고 서쪽 마을도 보고, 강 너머 산 너머까지 볼 수 있을 것 같았다. 부모로부터 들은 동쪽 마을과 서쪽 마을을 상상해 보았다. 할아버지도 외할머니도 마음속으로 그려보았다. 그럭저럭 살만했다. 그날이 오기 전에는.

어느 날 밤, 동쪽 마을에 큰 불이 났다. 마을 사람들이 여럿 다쳤다. 집도 타고, 곡식도 탔다. 사람들은 웅성거렸다. 무슨 일이지? 괴변이다. 이리저리 말을 하던 중에 서쪽 마을 사람이 불을 지른 것이 아닐까? 누군가 혼잣말을 하고, 그 말을 들은 사람이 서쪽 마을 사람이 불 지르는 것을 보았다고 하고, 며칠이 지나자 불은 서쪽 마을 사람이 동쪽 마을을 없애려고 몰래 지른 불이라고 굳어졌다. 어둠의 숲에 살던 도도를 데려오라고 난리가 났다. 도도의 부모가 아들을 불렀다. 도도는 하는 수 없이 자식 하나를 데리고 동쪽 마을로 돌아왔다. 혼자 살 수 없게 된 나나는 남은 자식 하나 데리고 서쪽 마을로 돌아갔다. 어둠의 숲은 다시 고요해졌다. 그 뒤로도 보름달은 떠올랐지만, 복숭아나무 아래엔 아무도 없었다. 어린 남매가 놀던 소꿉놀이만 흩어져 있었다.

부모를 따라 떨어져 살게 된 남매는 연을 만들어서 날리기 시작했다. 헤어진 부모와 남매를 향한 그리움을 그림으로 그려 연을 날렸다. 남매도 자라 자기 마을 사람과 결혼을 했고, 새로 얻은 자녀들도 자라면서 연을 날렸다. 영문도 모르는 동네 아이들까지 연날리기를 따라했다. 두 마을의 연 날리기는 온 나라의 명물이 되었다.

세월이 흘렀다. 무하국의 청년들도 먼 곳을 왕래하기 시작했다. 옆 마을만 빼고는 온 천하를 돌아다녔다. 그 사이 도도와 나나는 모두 연 따라 하늘로 갔다. 그 청년들은 다른 나라 사람들로부터 기막힌 이야기를 들었다.

그날, 동쪽 마을에 불이 난 그날, 무하국 수백 리 밖 마을에도, 아니 온 천하에 원인모를 불이 났고, 그날 밤 혜성이 지나면서 떨어진 별똥 탓에 불꽃이 많이 떨어졌다. 여러 곳에서 많은 사람이 죽고 다쳤지만, 세상 사람들은 그 일을 경사스런 일로 여겼다. 혜성이 지나가면서 떨어뜨린 불꽃이 기왕의 잘못을 모두 없앴고, 그래서 새로운 시대가 열릴 것이라는 예언이 실현되었다고 믿었다. 그날 이후 나라 사이 전쟁도 멈추고, 굶주린 나라를 이웃 나라가 도와주고, 옥에 갇힌 사람을 풀어주고, 소식이 끊어졌던 사람들도 다시 왕래하면서 살기 좋은 나라를 만들었다고 했다. 어찌하여 그 소식이 무하국엔 전해지지 않았는지 알 수가 없었다. 온 세상이 아는 일을 그들만 몰랐다.

(2016. 4.)

무하국의 아이들

　오랜 옛적 사람들이 넓은 땅 여기 저기 띄엄띄엄 살 때, 중국 서쪽, 큰 산맥 속에 무하국이 있었다. 무하국은 둘로 나뉘어져 있었는데, 서로간의 사이가 좋지 않았다.

　두 마을의 지도자는 서로 형제간이었다. 그들의 부모 때는 한 마을이었는데, 갑자기 큰 변란이 일어나면서 마을이 두 개로 쪼개졌다.

　처음엔 두 마을의 살림살이 형편이 비슷했다. 모두 먹고 살기가 어려웠다. 외딴 곳이라 농사도 잘 안되고, 이웃 마을과 교역도 시원치 않았다. 두 마을은 깊은 산맥 속의 위치한 지라 생산되는 것이 변변치 않았다. 마을 사람들이 부지런히 애쓴 덕분에 그럭저럭 주민들이 굶지 않고 사는 정도였다. 둘로 쪼개진 이후 하나로 합쳐서 같이 살자는 말은 양쪽 주민 모두가 늘 하곤 했다. 하지만 두 마을의 지도자들은 늘 위기라 했다. 상대방이 쳐들어올지도 모른다고 수시로 겁을 주었다. 마을 사람들은 지도자의 말이 미덥지 않았지만 불평을 할 수 없었기에 그냥 참고 살았다.

　동쪽 마을은 다른 마을과 교역을 열심히 했다. 우리 마을엔 있고 남의 마을엔 없는 것, 가끔씩은 우리에게도 필요하지만 남들이 살만한 것들을 내다 팔고, 반대로 우리 마을엔 없는 것을 사왔다. 아이들 공부도 열심히 시켰다. 다른 마을에서 공부하고 온 젊은이들은 세상을 보는 눈이 넓어졌다. 새로운 기술을 배우고 돌아온 젊은이들은 공장을 만들기 시작했다. 그 공장에서 생산된 물건을 내다 팔고 필요한 물건을 더 많이 사왔다. 바깥세상과 교류가 빈번해지자 동쪽 마을은 점점 살기 좋아졌다. 동쪽 마을 사람들은 늘 세상 일에 관심을 가졌다. 차츰 시간이 지나자 원래 하나였던 서쪽 마을도 남 보듯 대했다. 교역할 물품이 있으면 교역하고, 그런 것이 없으면 그저 먼 나라 보듯이 멀뚱멀뚱 보기만 했다.

그렇게 수십 년이 지났다. 동쪽 마을과 서쪽 마을의 형편은 이젠 완전히 달라졌다. 동쪽 마을은 잘 살게 되었고 주변국에도 널리 알려졌다. 이곳에서 생산되는 물건 중에 유명한 것이 많아졌고, 여기에서 열리는 축제를 구경하러 오는 사람들도 늘어났다.

그런데 서쪽 마을은 여전히 가난했다. 먹고 사는 것은 겨우 해결했다지만 흉년이 들면 또 어려워지곤 했다. 서쪽 마을은 다른 나라와 교류하지 않고 자급자족하려 했다. 품질이 나쁘더라도 자기 마을에서 나는 것을 먹고 입었다. 자기 마을에 없는 것은 다른 곳에서 사 오지 않고 그냥 없는 대로 살았다. 처음엔 자급자족하는 것이 자랑스럽고 기쁘기도 했지만 차츰 불편한 것이 많아졌다. 서쪽 마을 젊은이들은 다른 나라 물건이 갖고 싶었지만 내다 팔 것이 변변치 않아 마음껏 사올 돈이 없었다. 다른 마을에선 서쪽 마을에서 생산되는 물건을 하찮게 여기고, 높은 값을 쳐주지 않았다. 그럴수록 서쪽 마을 사람들은 오기가 생겼고, 다른 마을과 교역하는 것을 줄였다. 어려운 내 처지를 고려해 주지 않고 시장가격만 요구하는 세상 사람들이 못마땅했다. 그래서 동쪽 마을로 갔다. 형제 마을이라 다를 것이라 믿었다.

동쪽 사람들은 서쪽 사람들이 팔러 온 물건을 보았다. 품질이 좋지 못했지만 처음엔 후한 값으로 사 주었다. 그런데 해가 바뀌어도 품질이 나아지질 않았다. 차츰 동쪽 사람들이 외면하기 시작했다. 동쪽 상인들은 말했다.

"품질에 맞는 값을 쳐주자. 질 나쁜 물건은 아예 사지도 말자. 우린 교역할 곳이 많다. 서쪽 마을과 꼭 교역을 해야 할 이유도 없다."고 말하기 시작했다.

동쪽 마을에 사는 청년 도도는 시장에서 종이를 팔았다. 서쪽 사람은 도도의 가게에서 종이를 많이 사갔다. 도도는 그 종이를 어디에 쓰려는지 물었다.

"아이들 공부시킬 책을 만들어요." 어떤 책을 만드는지 궁금해진 도도는 서쪽 사람들에게 책을 몇 권 가져다달라고 했다. 글 읽기를 좋아하는 도도는 서쪽 마을 사람들이 가져다 준 책을 모두 읽었다. 인쇄수준이 높지 않았지만 내용은 흥미로웠다.

"우린 우리 식대로 살자. 다른 마을과 교류하다가 그들의 종이 될 수도 있다. 한때 우리 조상들은 남들을 모시고 사느라 힘든 시절도 있었다. 지금은 그런 시절이 아니다. 부족하더라도 우리 것에 만족하자." 이런 내용의 글이 반복되고 있었다. 도도는 서쪽 사람들이 책 내용을 믿는지 물어 보았다. 책의 말을 그대로 믿는 사람도 있었고, 아예 그런 말을 믿지 않는 사람도 있었다.

요 몇 년 사이 서쪽엔 흉년이 들었다. 아이들은 제대로 먹지도 못하고 공부를 하지도 못했다. 서쪽 아이들은 우리 것을 지키자는 가르침보다는 그저 잘 먹고 좋은 것 갖는 것에 더 관심을 쏟았다. 어른들이 말하는 우리끼리 잘 살자는 말에는 관심이 없었다. 도도는 서쪽 사람들을 돕기 시작했다. 그들이 가져온 물건 값보다 많은 값어치의 종이를 주었다. 거래가 늘어날수록 도도의 가게는 어려워졌지만 그래도 견딜 만 했다.

도도는 동료 상인들에게 권했다. 서쪽 마을 어린이를 도와주자고 했다. 그들이 예전에 우리 형제여서 그렇기도 하고 어린 아이들이 배불리 먹지 못하는 것이 가엽기도 하다고 했다. 어떤 친구는 도도처럼 그들을 돕기 시작했고, 어떤 친구들은 무시했다. 자기 방식대로 살다보니 못살게 된 것인데, 나는 그들의 삶에 관여하기 싫다는 것이다.

어느 날 도도는 잠이 들었다. 꿈속에서 배가 고팠다. 무슨 일인지 도도는 서쪽 마을 어린아이가 되어 있었다. 먹을 것이 없었고 학교에 가도 책이 없었다. 도도는 낡은 책을 읽다가 굶주린 배를 움켜쥐고 잠이 들었다. 꿈속에서 또 꿈을 꾸었다. 이번엔 도도가 세상에서 제일 잘사는 큰 마을의 어린아이였다. 가지고 싶은 것이 다 있는 큰 집에서 살고 있었다. 도도는 무슨 책이든 마음껏 읽을 수 있었다. 궁금한 것은 무엇이든 물어볼 수 있었다. 도도가 잠자는 사이 큰 비가 내렸다. 창밖에 비 내리는 소리를 듣고 도도는 잠에서 깨었다. 도도는 슬펐다. 세상 모든 어린이들이 마음껏 책을 읽을 수 없다는 것이 슬펐다. 그런 마음을 아는지 모르는지 비는 계속 내렸다.

(2017. 12.)

무하국의 금자(金尺)

무하국에는 금으로 만든 자가 있었다. 금자를 본 사람은 없지만 오래 전부터 전해오는 이야기라 많은 사람이 금자가 있다고 믿는다. 금자가 세상에 모습을 드러냈던 옛날옛적, 사람들이 서로 금자를 차지하겠다고 싸우자 무하국의 현인(賢人)이 인적 없는 들판 어딘가에 금자를 묻었다는 전설이 전해진다. 그 금자에는 세상의 비밀이 씌어 있는데, 그 비밀을 알아내기만 하면, 소원이 성취되고, 아픈 사람은 낫고, 가난한 나라도 부강해진다. 그래서 누구라도 금자를 갖고 싶어 했다.

무하국에서 금자가 사라진 후 오랜 시간이 흘렀다. 어느 때부터 나라는 가난해졌다. 가난한 살림에 말만 많더니 언젠가 둘로 쪼개졌다. 둘은 때론 서로 싸우고 때론 사이좋게 지냈다. 싸움은 두 나라 지도자의 말싸움에서 시작되곤 했다. 서로 자기를 중심으로 뭉쳐야 한다고 주장하고, 가끔은 상대방이 쳐들어 올 지도 모르니 군사력을 키워야 한다고 했다. 진짜로 위험했는지는 알 수 없었다. 지도자의 말을 믿지 않으면 처벌하였기 때문에 사람들은 그냥 그 말을 믿었다. 그러면서 상대국을 미워했다. 한동안은 두 나라 사람들이 서로 왕래도 하더니만 최근엔 그마저도 뚝 끊어졌다.

언젠가부터 무시무시한 소문이 돌았다. 끔찍한 재앙이 닥친다는 소문. 괴질이 생길 것이라고도 하고, 땅이 갈라질 것이라고도 했다. 왜 그런 일이 생기는지 이유를 알려주는 사람은 없었지만 많은 사람이 그런 일이 생길지도 모른다고 믿었다. 그 원인은 상대국 때문이라 말하는 사람이 늘어났다.

무하국의 청년 도도가 사는 마을에도 나쁜 소문이 무성했다. 도도는 재앙이 닥친다는 말을 믿지 않았다. 그건 그저 소문일 뿐이고, 그런 나쁜 소문은 상대를 미워하는 마음 때문에 생긴 것이라 믿었다. 도도는 꿈을 꾸었다. 꿈속에서 무하국의 현인이 도도에게 금자를 건네주었다. 그러면서 그 금자를 세상에 드러내면 나쁜 소문이 사라질 것이라 했다. 도도는 금자의 힘으로 나쁜 소문과 끔찍한 재앙을 막고 싶었다.

도도가 금자를 찾아 길 떠난다고 하자 도도의 친구들도 따라 나섰다. 금자가 어디 묻혔는지 도도는 노인들에게 물었다. 노인들은 두 나라 사이의 들판 어느 곳이라 들은 기억이 있었지만 정확한 곳은 아무도 몰랐다. 도도와 청년들은 수십 년간 출입이 금지된 곳으로 떠났다. 두 나라 사이의 들판은 오랫동안 버려져있었다. 사람들은 상대방이 침략할지도 모르는 위험한 곳에 농사를 지을 수는 없다고 믿었다. 도도 일행은 마을을 떠나 며칠 걸었다. 도착한 곳엔 큰 강 하나, 작은 산봉우리 여러 개, 그리고 나무가 울창했다. 도도와 청년들은 각자 곡괭이를 들고 한 구역씩 맡아서 땅을 파기 시작했다. 저 높은 곳에 묻었을 것 같다고 믿는 사람들은 그리로, 이곳 들판 숲이 우거진 곳이라고 믿는 사람은 이리로, 아니야, 저 강가에 묻었을 것 같다고 믿는 사람은 저리로 갔다.

각자가 믿는 곳에서 땅을 파기 시작했다, 여기도 파고 저기도 파고, 우거진 나무와 거친 풀을 뽑아내자 기름진 흙이 나왔다. 실망도 하고, 보물을 그렇게 쉽게 찾겠느냐고, 한 일 년은 파 보자고 다짐도 하며 다시 힘을 내면서 수개월을 보냈다.

어느 날, 도도는 땅 파기를 멈추었다. 무하국의 보물은 땅 속에 묻힌 금자가 아니라 이 땅일지도 모른다는 생각을 하게 되었다. 씨 뿌려 농사짓는 일이야 말로 진정한 보물이라 생각했다. 그때부터 도도는 청년들이 파헤친 땅에 곡식과 채소, 과일나무를 심기 시작했다. 한 달 두 달 지나는 사이 도도의 생각이 굳어졌다.

"이곳에서 소출을 얻어 이웃들과 나누어 먹으면 얼마나 좋을까? 무슨 일이 생겨 농사지은 곡식을 내가 먹지 못하면 어쩌지? 그래도 상관없어, 누군가 배고픈 사람이 먹는다면 그것만으로도 나는 좋아."

도도는 더 이상 금자를 찾지 않았다. 그때부터 씨 뿌리는 일만 했다. 이유를 묻는 사람들, 너의 노력은 곧 헛수고가 되고 말 것이라고 걱정하는 사람에게도 웃으면서 말했다.

"헛수고라해도 좋아요, 상대를 미워하면서 땅을 버려두는 것보다는 내가 땀 흘리는 게 좋아요." 도도는 바보처럼 웃었다. 그러자 아무도 더 말하지 않았다.

금자를 찾는 땅파기는 계속 되었지만 씨 뿌리는 청년도 차츰 늘었다. 산 위에 올라서면 청년들이 입은 흰 옷으로 들판이 훤했다.

(2018. 1.)

무하국의 붓(筆)

옛날 옛적 저 멀리 무하국이 있었다. 그 나라 사람은 누구나 마술 붓한 자루씩 가지고 있었다. 간절한 소망을 품고 무엇인가 그리기만 하면 그림이 현실이 되는 신비한 붓이다. 생기기는 보통 붓과 똑 같았다.

무하국 동쪽 마을에 사는 청년 도도가 어릴 때 일이다. 어느 날 도도는 혼자서 숲으로 들어갔다. 갑자기 커다란 뱀이 나타나서 입을 쫙 벌렸다. 뱀과 마주 선 도도는 뱀의 입이 참 크다고 생각했다. 그리고 저 뱀이 입을 계속 벌리고 있으면 얼마나 힘이 들까? 입 속으로 벌레가 들어가면 어쩌나? 걱정되었다. 도도는 주머니에서 붓을 꺼내 뱀의 입 주변에 밧줄을 그리기 시작했다. 그림을 다 그리자 뱀은 입이 밧줄로 꽁꽁 묶인 상태가 되었다. 도도는 뱀 옆을 지나 계속 걸어갔다. 마술 붓으로 그린 것은 붓이 멀어지면 효력이 없어진다.

한참을 가자 배가 고팠다. 도도는 앞에 있는 커다란 나무를 보면서, 저기에 과일이 잔뜩 열렸으면 좋겠다고 생각했다. 붓을 꺼내 먹고 싶은 과일을 그리기 시작했다. 사과, 귤, 대추, 그리고 바나나도 그렸다. 다 그리고 나선 나무에 열린 과일을 따서 배불리 먹었다. 졸리면 침대를 그리곤 그 위에 누웠다. 어느 날인가 너무나 졸린 나머지 침대만 겨우 그리고, 이불은 미처 그리지 못하고 잠이 들었던 도도는 추워서 깬 적이 있었다.

무하국 사람에겐 붓이 한 자루씩 다 있었다. 붓의 힘을 믿던 어린 시절은 행복했다. 그런데 붓을 계속 가지고 있다고, 그 붓이 계속 마술을 부리는 것은 아니었다. 붓의 힘을 믿는 사람에게만 붓은 효력을 발휘했다. 어른들은 붓의 힘을 믿지 않았다. 그래서 붓도 효력을 발휘하지 못했다. 언제부터 어른이 되는지, 언제부터 붓이 마술효력을 발휘하지 못하는지는 아무도 몰랐다. 의심이 많아진 어느 날부터 붓은 평범해졌다.

언제부턴가 도도에겐 걱정이 생겼다. 서쪽 마을 사람들이 날마다 무기를 만들기 때문이다. 온 마을의 쇠를 죄다 모아 밤낮으로 칼을 만들고 창을 만들었다. 도도네 동쪽 마을에선 도끼를 만들고 낫을 만들어서 농사짓는데 사용하고 더러는 장에 내다 파는데, 서쪽 마을은 달랐다. 그 마을은 그저 무기를 만들기만 했다. 그리곤 청년들을 모아 매일같이 군사훈련만 시켰다.

도도네 마을 사람들이 모였다. 우리도 서쪽 마을의 침략에 대비하자! 우리도 무기를 만들자! 농기구가 부족해도 하는 수 없다! 만일 갑자기 서쪽 마을에서 쳐들어오면 우린 모든 것을 뺏길지도 모른다. 사람들은 불안했다. 만나기만 하면 웅성거렸다.

도도는 서쪽 마을의 행동도 이해할 수 없었고, 그에 대응하는 동쪽 마을사람의 태도도 마뜩치 않았다. 도도는 오랜만에 붓을 꺼내 들고 강 건너 서쪽 마을로 갔다. 그곳에서 무기를 만들고 있던 대장장이를 만났다. 그들이 왜 그런 행동을 하는지 알고 싶었다. 도도가 물어도 아무 대꾸가 없었다. 그들은 아무런 말도 없이 무기 만드는 일만 계속했다. 도도는 그들의 손에 커다란 확성기를 그려 주었다. 그리곤 말소리가 흘러나오도록 마중물처럼, 마중 말을 조금 더 그렸다.

"내가 왜 이런 일을 하느냐 면요…"

그러자 대장장이가 말하기 시작했다.

"나는 동쪽 마을이 무서워요. 동쪽 마을을 돕는 큰 나라는 더 무서워요. 그들은 우리와 친하게 지내려 하지 않아요. 우리 물건도 사지 않고, 우리 마을에 오지도 않아요. 우린 조그만 마을인데 갑자기 그들이 쳐들어오면 큰일 나요. 그래서 이렇게 무기를 만들어요. 그들이 함부로 쳐들어오지 못하도록 말이에요. 우리는 배가 고파요. 아이들이 배고파 우는 소리를 들으면 가슴이 답답해요. 지금이 농사철이잖아요. 저 들판에 나가 씨도 뿌리고 김도 매야 하는데, 무기 만드느라 올해 농사도 글렀어요. 그래도 어쩔 수 없어요. 죽는 것 보다는 배고픈 게 낫지요. 우린 배불리 먹고 싶어요. 무기 만드는 일이 끝나면 농사지어야지요. 그 다음엔 마음대로 이웃나라에 가고 싶어요. 동쪽 마을 사람들도 우리랑 사이좋게 지냈으면 좋겠어요."

그들은 속마음을 마구 쏟아내고 있었다. 도도는 녹음기를 그려서 그 말들을 모두 담았다.

도도는 녹음기를 들고 마을로 돌아 왔다. 마을 사람이 모인 자리에서 녹음기를 틀었다. 서쪽 사람의 말을 들은 동쪽 사람들은 어떻게 했을까요? 도도는 마을 사람들의 반응이 궁금했지만 여행에 지친 나머지 그는 금세 잠이 들어버렸다. 마치 내가 할 일은 다했다는 듯이 편안한 얼굴로 잠을 잤다. 무슨 꿈을 꾸는지 가끔 미소를 지어가며 잤다.

(2016. 11.)

무하국의 엿

　무하국 동쪽 마을에 사는 도도는 며칠째 잠을 설쳤다. 다음 주에 서쪽 마을로 가서 협상을 해야 하는데, 성과를 거둘 수 있을지 불안했다. 도도는 재정 담당자다. 10년 전 서쪽 마을에 흉년이 들어 사람들이 굶주렸다. 주변 나라들이 모두 곡식을 보내 도와줄 때 형제국인 동쪽 마을에서도 도움의 손길을 내밀었다.

　그때 서쪽 마을에선 다른 나라의 지원은 고맙게 그냥 받겠지만 동쪽 마을의 도움은 꼭 갚겠다고 약속하면서 많은 양의 곡식을 보내달라고 요청했다. 그래서 동쪽 마을은 당초 생각했던 곡식보다 5배나 더 많이 보내면서 10년이 지난 후부터 매년 조금씩 갚겠다는 약속을 받았다. 그때 약속한 10년이 곧 만료될 예정이다. 그 약속을 어떻게 할 것인지가 이번 협상 내용이다.

　도도의 아내는 먼 길 떠나는 남편에게 직접 만든 엿을 간식으로 주면서 지치고 힘들 때 조금씩 물고 있으라 했다. 엿을 물고 있는 동안에는 말을 하지 말라는 부탁과 함께.

　무하국의 두 마을 사이엔 큰 강이 있고, 그 주변에 숲이 우거졌다. 도도는 일행과 함께 강을 넘어 서쪽 마을로 들어갔다. 환영 나온 사람들과 공식행사를 마치고 협상을 시작했다. 도도가 먼저 말을 꺼냈다.

　"10년 전에 약속한 날이 다가왔습니다. 그때 약속대로 금년부터 조금씩 곡식을 갚아주기 바랍니다. 구체적인 계획을 알려 주세요."

　서쪽 마을 대표가 답변했다.

　"무슨 소리를 하시는 겁니까? 그때 무상으로 지원한 것인데 지금 와서 갚으라니 뚱딴지같은 소리입니다."

　이때부터는 서로 기싸움이 진행되었다.

　"계약서가 있는데 무상이라니요, 여기를 잘 보세요, 서쪽 마을 곡물

회사 대표의 도장도 있지 않습니까?"

"그 회사는 지금 존재하지 않습니다. 이미 사라진 회사의 계약서를 들이밀어서 어쩌자는 것입니까?"

예상대로 협상은 쉽지 않았다. 쉬는 시간에 도도는 서쪽 마을의 대표와 따로 만났다.

"그런 억지 주장을 하는 이유가 뭡니까? 곡물회사가 국유인데 이름이 바뀌었다고 책임이 없다고 할 수 있나요?"

"오죽하면 우리도 그런 소리를 하겠어요. 그때 빌린 곡식으로 위기를 넘겼지만 지금까지도 형편이 어려워서 갚아줄 곡식이 없어서 하는 소립니다."

"그러면 솔직히 그렇다고 말하지, 무슨 딴 소립니까?"

"회담장에 들어온 사람 중에 마을 지도자의 동생이 있어요. 그 사람 눈치 보느라 그렇지요."

"그러면 어떻게 하면 좋을까요?"

"글쎄요."

둘은 서로 눈만 끔뻑거렸다.

싸우느라 지친 도도는 단 것이 먹고 싶어졌다. 아내가 싸준 엿을 꺼내서 서쪽 마을 대표와 나누어 먹었다. 엿을 다 먹을 때까지 아무 말도 하지 않았다. 창밖으로 아이들이 학교를 마치고 집에 가는 모습이 보였다. 낡은 옷에 삐쩍 마른 모습이었다. 도도는 가엾은 생각이 들었다.

다음날 회의가 다시 시작되었다.

도도가 먼저 말했다.

"밤사이에 동쪽 마을에 연락했더니 다행히 우리 측에선 당장 곡식이 필요하지는 않다고 합니다. 서쪽 마을의 농사가 잘 될 때까지 몇 년 더 기다려도 된다는 연락을 받았습니다. 종전에 계약한 곡물회사가 없어졌다고 하니 서쪽 마을에서 상환책임을 진다는 내용으로 계약을 다시 체결합시다. 반환은 5년 후부터 시작하되 그 당시의 농사현황을 고려하기로 합시다. 그리고 한 가지 더, 서쪽 마을의 농업을 돕기 위해 농자재와 비료를 지원하려고 합니다."

서쪽 마을 사람들은 깜짝 놀랐다. 협상대표는 아무 말도 하지 않은 채 동료들을 둘러보았다. 모두 고개를 끄덕였다.

대표가 말했다.

"형제마을의 우의에 감사드립니다. 요청하신 내용대로 계약을 새로 체결하겠습니다. 농자재와 비료지원은 감사하게 받겠습니다. 금년에 우리 마을에서 송이버섯을 많이 채취했습니다. 가시는 길에 선물로 드리겠습니다."

공식회의를 마친 후 두 사람은 따로 만났다. 엿을 나누어 먹으며 말없이 서로 마주 보았다. 어제 회의장에서 서쪽 마을 대표도 내심 부끄러웠다. 억지주장을 하는 자신이 한심하기도 하고, 잘 사는 동쪽 마을의 태도가 야속하기도 했다. 둘이서 엿을 먹으면서 서쪽 마을 대표는 다짐했다. 이젠 솔직해지자. 고마운 것은 고맙다고 하고, 이번에 약속한 것은 농사를 잘 지어 꼭 갚아나가자. 달콤한 엿이 얼었던 마음을 녹였다.

(2020. 2.)

에필로그

책 발간을 준비하면서 주변 분들과 상의했다. 분량은 어느 정도로 할 것인지, 사진을 추가할 것인지, 출판사는 어떻게 정할 것인지… 사람마다 생각하는 것이 달라 공통된 의견을 모으는 것이 쉽지 않았다. 그럴 때면 내가 왜 책을 내는지 생각해 보았다. 몇 년간 통일이란 주제로 글을 쓴 이유는 또 무엇인지 생각했다.

기왕의 글을 다시 정리하면서 깨달은 것은 내 생각도 계속 변하고 있다는 것, 통일은 상상이 필요한 영역이라는 것, 미래의 일은 혼자서는 감당할 수 없다는 것, 사람들끼리 통일 이야기를 소재로 대화하면 좋겠다는 것, 내 주변 사람부터 통일에 관심가지도록 해 보자는 다짐까지 여러 가지 생각이 들었다. 이런 의도라면 내가 쓴 다양한 형태의 글이 계기가 될 수도 있다는 생각을 했다.

격월간 수필지 『에세이스트』의 김종완 발행인, 조정은 편집장의 도움에 감사드린다. 연재할 기회를 준 덕분에 꾸준히 글을 쓸 수 있었다. 연재하는 동안 늘 다음호 글감을 찾았다. 북한에 가지 못하는 답답한 상황에서 과거나 현재를 소재로 하는 글은 한계가 있었다. 어느 순간 미래를 상상하기 시작했지만 에세이에서 미래를 소재로 해도 되는지는 자신이 없었다. 형식에 구애되지 말고 마음대로 써 보라는 김종완 선생의 격려가 큰 힘이 되었다.

글을 쓰면서 통일에 대한 나의 상상력이 보잘 것 없다는 생각을 할 때가 많았다. 그런데 이런 정도의 상상이나마 한 사람도 흔치 않았다. 결국 나부터 시작해 보자는 생각을 하면서 다양하게 글을 썼다. 내 글이 정통 수필의 영역에서 벗어났을지도 모른다. 하지만 2023년 우리 사회에 통일된 나라, 미래를 고민하는 사람이 있었다는 기록을 남기고 싶었다. 이 책을 통해 나처럼 고민하는 사람을 찾고 싶은 희망도 있다. 통일된 한국의 미래를 구상하는 분들끼리 만나서 토론하면서 논의의 수준을 높이고 싶다. 그런 과정에서 또 다른 글감이 발견되기를 기대한다. 그런 글을 모아 후속편을 낼 수 있으면 좋겠다.

권은민
변호사이자 북한박 박사. 20년 이상 북한법을 연구하고 있다. 통일부, 법무부, 법제처, 대법원
등의 북한법연구위원회에 참여하고 있으며, 북한대학원 대학교 겸임교수로 북한외국인투자
법제, 북한부동산제도, 남북한분쟁사례연구, 남북경협과 법제도, 통일한국의 법제도 과목을
강의한다. 기존의 남북한 법제를 현실에 맞게 재정비하는데 관심을 가지고 있으며, 북한의
법제변화를 지속적으로 연구한다. 저서로는 「북한을 보는 새로운 시선」(박영사, 2022)이 있다.

평양에서 재판하는 날

초판발행   2023년 6월 20일

지은이   권은민
펴낸이   안종만 · 안상준

편 집   한두희
기획/마케팅   장규식
표지디자인   이영경
제 작   고철민 · 조영환

펴낸곳   (주) **박영사**
              서울특별시 금천구 가산디지털2로 53, 210호(가산동, 한라시그마밸리)
              등록 1959. 3. 11. 제300-1959-1호(倫)
전 화   02)733-6771
f a x   02)736-4818
e-mail   pys@pybook.co.kr
homepage   www.pybook.co.kr
ISBN   979-11-303-4451-5   93360

정 가   15,000원